जाने क्या टपके

छंद और गीति-तत्व अशोक चक्रधर की शक्ति हैं। अपनी इस शक्ति को वे नाट्य-कौशल से द्विगुणित करना भी जानते हैं। इस पुस्तक के बारे में वे कहते हैं-

कभी कामों ने हमें लपका
कभी हमने काम लपके,
नज़रें ऊपर. . .हाथ ऊपर
जाने क्या टपके!

जाने क्या टपके

अशोक चक्रधर

डायमंड बुक्स

ISBN : 81-7182-955-4

प्रकाशक : **डायमंड पॉकेट बुक्स (प्रा.) लि.**
X-30, ओखला इंडस्ट्रियल एरिया, फेज-II
नई दिल्ली-110020
फोन : 011-41611861, 40712100
फैक्स : 011-41611866
ई-मेल : sales@dpb.in
वेबसाइट : www.dpb.in
संस्करण : 2009
मुद्रक : स्टार प्रिंट-ओ- बाइंड, ओखला, नई दिल्ली-20

JAANE KYAA TAPKE
by : Ashok Chakradhar

आकाशवाणी और दूरदर्शन में
जिनके लिए मैंने
दत्तचित्त होकर काम किया
ऐसे अपने प्रिय
कमल दत्त
कमलिनी दत्त
कुबेर दत्त
और
शरद दत्त
को
सादर सप्रेम भेंट

अनुक्रम

'छोटी सी आशा' की कविताएं

'छोटी सी आशा'
की कविताएं

(धारावाहिक 'छोटी सी आशा' पहले तमिल भाषा में बन चुका था। श्री के० बालाचन्दर भावनाओं का उद्रेक पहचानते हैं। तमिल में यह धारावाहिक जब बहुत लोकप्रिय हुआ तो उनके पुत्र कैलासम् ने इसे हिन्दी में बनाया। प्रिय राघवेश की ओर से मुझे अभिनय के साथ कविता लेखन का प्रस्ताव मिला। मूल कविताएं तमिल के यशस्वी गीतकार वाली ने लिखी थीं। उन कविताओं ने प्रस्थान-बिन्दु का कार्य किया और परिणाम में प्राप्त हुईं प्रस्तुत कविताएं। इनमें कहीं वाली की कविताओं का भावानुवाद है तो कहीं उत्तर-भारतीय दर्शक की मानसिकता और भाषा-संस्कार के अनुरूप नवीन उद्‌भावनाएं हैं। बहरहाल, अभिनय करने और इन कविताओं को रचने में खूब आनंद आया। त्रिपाठी के चरित्र को अभिनीत करना चुनौती का कार्य था क्योंकि उन्होंने अपने बेटे की शहादत की ख़बर अपनी पत्नी से पूरे एक साल तक छिपाई। दुख पीकर सुख बांटने वाला चरित्र किसे अच्छा नहीं लगेगा। प्रस्तुत सभी कविताएं त्रिपाठी मास्टर ने अलग-अलग स्थितियों में अलग-अलग चरित्रों को सुनाईं।)

होटल में लफड़ा

जागो जागो हिन्दुस्तानी,
करता ये मालिक मनमानी।
प्लेट में पूरी
अभी बची हुई है
और भाजी के लिए मना जी!
वा. . .जी!

हम ग्राहक, तू है दुकान. . .
पर हे ईश्वर करुणानिधान!
कुछ अक़्ल भेज दो भंजे में
इस चूज़े के लिए,
अरे हम बने तुम बने
इक दूजे के लिए।

भाजी पर कंट्रोल करेगा,
हमसे टालमटोल करेगा,
देश का पैसा गोल करेगा,
इधर हार्ट में होल करेगा,
तो देश का बच्चा बच्चा बच्चू,
चेहरे पर तारकोल करेगा।
सुनो साथियो!
इस पाजी ने मेरी प्लेट में
भाजी की कम मात्रा की थी,

नमक टैक्स जब लगा
तो अपने गांधी जी ने
डांडी जी की यात्रा की थी।

पैसा पूरा, प्याली खाली,
हमने भी सौगंध उठा ली–
यह बेदर्दी नहीं चलेगी,
अंधेरगर्दी नहीं चलेगी।
जनशोषण करने वालों को
बेनकाब कर
अपना आईना दिखलाओ,
आओ आओ,
ज़ालिम से मिलकर टकराओ।

पल दो पल का है ये जीवन
तुम जीते जी सिर न झुकाओ,
अत्याचारी से भिड़ जाओ।

नेता इससे मिले हुए
वोटर के आगे झूठ गा रहे,
भ्रष्टाचार और बेईमानी
दोनों मिलकर ड्यूट गा रहे।
घोटालों के महल हवेली,
भारत मां असहाय अकेली!
तड़प रही है भूखी प्यासी,
अब हम सारे भारतवासी,
जब साथ खड़े हो जाएंगे,
तो एक नया इतिहास बनाएंगे।

भारत मां के सपूतो
इस मिट्टी के माधो,
अब चुप्पी मत साधो!

क्रांति का बिगुल बजाओ,
मेरी आवाज़ सुनो,
टकराने का अंदाज़ चुनो।
अगर तुम्हें अपना ज़मीर
ज़रा भी प्यारा है,
तो हर ज़ोर जुल्म की टक्कर में
संघर्ष हमारा नारा है।

भोजन प्रशंसा

बागेश्वरी, हृदयेश्वरी, प्राणेश्वरी।
मेरी प्रिये!
तारीफ़ के वे शब्द
लाऊं कहां से तेरे लिये?
जिनमें हृदय की बात हो,
बिन कलम, बिना दव्रात हो।

मन-प्राण-जीवन संगिनी,
अर्द्धांगिनी,
. . .न न न न न. . .पूर्णांगिनी।
खाकर ये पूरी और हलुआ,
मस्त ललुआ!

(थाली के व्यंजन गिनते हुए)
एक, दो, तीन, चार, पांच, छः, सात
बज उठी सतरंगिनी,
सतव्यंजनी-सी रागिनी।

तेरी अंगुलियां. . .
भव्य हैं तेरी अंगुलियां
दिव्य हैं तेरी अंगुलियां।
कोमल कमल के नाल सी,
हर पल सक्रिय

मैं आलसी।
तो. . .
तेरी अंगुलियां,
स्वाद का जादू बरसता,
नाचतीं मेरी अंतड़ियां।

खन खनन बरतन
किचिन में जब करें,
तो सुरों के झरने झरें।
हृदय बहता,
लगे जैसे जुबिन मेहता,
बजाए साज़ अनगिन,
ताक धिन धिन
ताक धिन धिन,
ताक धिन धिन
एक आर्केस्ट्रा. . .
वहां भाजी नहीं ऐक्स्ट्रा!

यहां थाली
मसालों की महक-सी
ज्यों ही उठाती है,
लपक कर भूख
प्यारे पेट में बाजे बजाती है,
ये जिव्हा लार की गंगो-जमुन
मुख में बहाती है,
मधुर स्वादिष्ट मोहक
इंद्रधनुषों को सजाती है,
चटोरी चेतना थाली कटोरी देखकर

कविता बनाती है।
कि पूरी चंद्रमा सी
और इडली पूर्णमासी।
मन-प्रिया सी दाल वासंती,
लगे चटनी अमृतवंती।

यही ऋषिगण कहा करते,
यही है सार वेदों का,
हमारे कॉन्स्टीट्यूशन के
सारे अनुच्छेदों का,
कि यदि स्वादिष्ट भोजन
मिले घर में,
इस उदर में
ही बना है
मोक्ष का वह द्वार,
जिसमें है महा उद्धार।
हे बागेश्वरी!
हृदयेश्वरी!!
प्राणेश्वरी!!!
तेरे लिए मेरे हृदय में प्यार,
अपरंपार!

मनोहर को विवाह-प्रेरणा

रुक रुक ओ टेनिस के बल्ले,
जीवन चलता नहीं इकल्ले!

अरे अनाड़ी,
चला रहा तू बहुत दिनों से
बिना धुरी के अपनी गाड़ी!

ओ मगरूरी!
गांठ बांध ले,
इस जीवन में गांठ बांधना।
शादी करना
बहुत ज़रूरी।

ये जीवन तो है टैस्ट मैच,
जिसमें कि चाहिए
बैस्ट मैच।
पहली बॉल किसी कारण से
यदि नो बॉल हो गई प्यारे!
मत घबरा रे!

ओ गुड़ गोबर!
बचा हुआ है पूरा ओवर।
बॉल दूसरी मार लपक के,

विकिट गिरा दे
पलक झपक के।
प्यारे बच्चे!
माना तूने प्रथम प्रेम में
खाए गच्चे।
तो इससे क्या!
कभी नहीं करवाएगा ब्या?

अरे निखट्टू!
बिना डोर के बौड़म लट्टू!
लट्टू हो जा किसी और पर
शीघ्र छांट ले दूजी कन्या,
मां खुश होगी
जब आएगी उसके घर में
एक लाड़ली जीवन धन्या।

अरे अभागे!
बतला क्यों शादी से भागे?
एकाकी रस्ता शूलों का,
शादी है बंधन फूलों का।

सिर्फ़ एक सुर से
राग नहीं बनता,
सिर्फ़ एक पेड़ से
बाग नहीं बनता।
स्त्री-पुरुष ब्रह्म की माया
इन दोनों में जीव समाया।

सुन ले मूरख!
स्त्री-पुरुष परस्पर पूरक।
अकल के ढक्कन!
पास रखा है तेरे मक्खन।
खुद को छोड़ ज़रा सा ढीला,
कर ले माखन चोरी लीला।
छोरी भी है, डोरी भी है
कह दे तो पंडित बुलवाऊं,
तेरी सप्तपदी फिरवाऊं?

अरे मवाली!
मेरे उपदेशों को सुनकर
अंदर से मत देना गाली।

इस बात में बड़ा मर्म है,
कि गृहस्थ ही
सबसे बड़ा धर्म है।
ये बताने के लिए
तेरी मां से
रिश्वत नहीं खाई है,
और न ये समझना
कि इस रिटायर्ड अध्यापक ने
अपनी ओर से बनाई है।
ये बात है बहुत पुरानी,
जिसको कह गए हैं
बड़े बड़े संत
बड़े बड़े ज्ञानी।
ओ अज्ञानी!

बहुत बुरा होगा अगर तूने
मेरी बात नहीं मानी!
चांद उधर पूनम का देखा
इधर मचलने लगे जवानी,
चांद अगर सिर पर दिख जाए
हाय बुढ़ापे तेरी निशानी!

मुरझाए फूलों के गमले!
भाग न मुझसे थोड़ा थम ले!
बुन ले थोड़े ख्वाब रुपहले,
ब्याह रचा ले
गंजा हो जाने से पहले।

बहनजी! निराश न हों
ये एक दिन
अपना इरादा ज़रूर बदलेगा,
ज़रूर बदलेगा।
जैसे चींटियां चट्टान पर
छोड़ जाती हैं लीक,
जैसे कुंए की रस्सी
पत्थर को कर लेती है
अपने लिए ठीक!
ऐसे ही
इसका अटल निर्णय भी बदलेगा
कविताएं सुन सुन कर
पत्थर दिल ज़रूर पिघलेगा।
डॉण्ट वरी!

वीरगति

झूठ बोला पत्नी से मैं
लाइन कट गई. . .
सच तो यही निकला
कट गई लाइन
बेटे के जीवन की।
उसके हाथ की लकीरों में ही
लिखा होगा जीवन को खोना,
और इन लकीरों में
जीवन भर रोना!

बम ब्लास्ट,
शोर, धुआं, अंगारे
बोटियां छितर गईं,
गिर पड़ा वह
एक कटे पेड़ सा,
वहीं हुआ अंतिम संस्कार,
वहीं रणभूमि में,
शांत वो सोता वहां,
मैं यहां रोता हूं।
किंतु नहीं रोऊंगा!
छाती पर पत्थर रखूंगा
पर और नहीं रोऊंगा!

कहते हैं मृत्यु है ठहर जाना
और जीवन गति है।
ग़लत है, ग़लत है!
मेरी मति में तो
उसकी सद्‌गति ने ही
जीवन को गति दी है।

पूरी आयु पाकर जो जाता
वो धीर गति पाता है,
नदिया में बहे
या तलैया में डूब जाय
नीर गति पाता है।
खुदकुशी करता वो
अधीर गति पाता है।

किंतु विश्व-शांति के लिए
जो युद्ध भूमि में
हंस हंस कर प्राणों को लुटाता है
वीर गति पाता है,
अमर हो जाता है।
क्योंकि बीज बनकर
वही अंकुराता है,
वृक्ष बन जाता है,
चमन महकाता है,
फिर भला क्यों रोऊं?
रोऊं मैं किस कारण?
अकारण नहीं रोऊंगा,
और नहीं रोऊंगा।

मंगल इमरती

जब वरमाला पहनाई थी,
और सूरत सम्मुख आई थी,
तो हम मर मिटे।

जब कंगन धारण करने को,
आगे की गई कलाई थी,
तो हम मर मिटे।

जब सेज सजाई गई, घड़ी
मधु महा-मिलन की आई थी,
तो हम मर मिटे।

जब सुखा रही थीं केश, और
बरबस ले ली अंगड़ाई थी,
तो हम मर मिटे।

जब अपनी सुघड़ अंगुलियों से,
अमृत जैसी. . .इमरती बनाई थी,
तो हम मर मिटे।

लेकिन भूल जाओ!
भूल जाओ उस कथन को
कह दिया यों ही
कि केवल मर्द ही जानें बनाना
श्रेष्ठ नक्काशी सजी चंचल इमरती।

वह चुनौती सी लगी तुमको
दिखाई कला अद्‌भुत अंगुलियों की
और फिर
दिल की कढ़ाई में बनी
हलचल इमरती!

बन गई,
सबने सराही,
और दे दो
और दे दो और चाही।
गूंजती थी
हर दिशा में वाह-वाही।
विश्व को दे शांति, ऐसी वाह
स्पेशल इमरती!

ढूंढ लो ब्रह्मांड में
इस छोर से उस छोर तक पर
मिल न पाएगी तुम्हें ऐसी
इन्होंने जो बनाई
दिव्य घी से दिपदिपाती
एक वो मंगल इमरती!
कि जिस पर मर मिटे हम!

रांग कॉल

चारपाई के चार पैर होते हैं,
तिपाई के तीन पैर होते हैं,
हम सबके दो पैर होते हैं,
लेकिन इस टेलीफ़ोन में
जो बेसिरपैर होते हैं,
वो हैं रांग कॉल!

तुम कॉल के इंतज़ार में
एक पैर पर खड़ी होकर
तपस्या करती रहो
फिर भी नहीं आएगा ट्रंक कॉल!
अगर कॉल आया
तो आई विल कॉल!

टेलीफ़ोन कट

बिल न भरो
बिजली कट जाती
घर का गो वैण्ट गौन कनैक्शन,
बावजूद बिल भरने के
जो कट जाता है
वो है टेलीफ़ोन कनैक्शन।

घंटों लाइन में लगकर मरते हैं,
ऑफ़िस में जाकर भरते हैं,
सही समय पर
हम इसका बिल,
फिर भी दुष्ट नहीं इस काबिल!
अपनी बात करा दे पूरी,
कट जाएगा ठीक बीच में
रह जाएगी बात अधूरी।
टेलीफ़ोन विकट मजबूरी!

न तो इस बात की शर्मिंदगी
कि ऐन मौक़े पर
लाइन में विच्छेद है,
और न यहां
रुकावट के लिए
कोई खेद है।

छेद है तो बस हमारी जेब में है
कि लगातार पैसे भरो,
उन्हें क्या मतलब
कि बेटे के लिए तड़पते हुए
जियो कि मरो!

रांग नंबर की भी
निराली माया है,
कहीं लगेगा
कहीं लगाया है।

ट्रिन ट्रिन ट्रिन ट्रिन
ट्रिन ट्रिन ट्रिन ट्रिन
निद्रायमान इंसान व्यवधान में जगेगा,
तुम जन्म-स्थान के लिए घुमाओगे
वो क़ब्रिस्तान में लगेगा।
नई नई आत्माओं से तो
भेंट हो जाएंगी,
पर सही नंबर के
बटन दबाते दबाते
उंगलियां ही फ़्लैट हो जाएंगी।
(बागेश्वरी हंसती है)
क्यों,
हमारी कविता पर फ़्लैट हो गईं?
(स्वगत)
कम से कम आज के लिए तो
दिमाग से सैट हो गईं!
(बागेश्वरी हंसती है)

चालीस का प्यार

न कहा जाए,
न रहा जाए,
न सहा जाए,
ऐसा रस होता है,
प्यार तो जब होता है
तो बस होता है।

बस नहीं चलता
उस पर किसी का,
यही किताबों में पढ़ा
और अनुभव से सीखा।

प्यार है एक क्रेज़,
अलग अलग एज के लिए
अलग अलग फेज़।

जैसे सोलह से बीस की उम्र होती है
बड़ी ढुलमुल
मीठी सी टीस की,
संपूर्ण प्यार की
ठोस उम्र होती है
चालीस की।

बीस से पैंतीस
समझो प्यार एक जिस्म है,
लेकिन चालीस के प्यार की तो
अपनी ही किस्म है।

मेरे शिष्य!
मेरे सखा!!
मेरे यार!!!
चालीस की उम्र के
प्यार का मतलब है
सिर्फ प्यार!
तन के, मन के,
आत्मा के, प्राणों के,
अंदर के समंदर का ज्वार,
वो भी धूंआधार!

वैसे मनोहर!
प्यार न तो
किसी की सीख से होता है,
न कलैंडर में छपी
तारीख़ से होता है।
फूल पंचांग देखकर नहीं खिलता,
भंवरा मुहूर्त निकलवाकर
कली से नहीं मिलता।

जैसे बादल
अनायास घुमड़ते हैं,
वैसे ही प्यार

अनायास उमड़ता है,
और जब उमड़ता है
तो दिल में
कलेजे में
कटारी सा गड़ता है।
किसी के
रोके नहीं रुकता,
याद रखना
चालीस का प्यार होता है
सबसे पुख़्ता।

वीर माता

पुत्र प्यारे!
तुझे रणभेरी पुकारे!!

शेष जब तक हो
तनिक सी भी भुजा में शक्ति,
लड़ना युद्ध,
रखना युद्ध में ही भक्ति।

भाल पर
टीका लगाकर भेजती हूं
दूध मेरा मत लजाना,
शत्रु-लोहू से सनी
तलवार से अविराम
अंतिम सांस तक लड़ना
पीठ अरि को मत दिखाना!
प्रियजनों को भूल जाना!!

पुत्र प्यारे!
तुझे रणभेरी पुकारे!!

वाचमैन

वाच पहनने वाला
हर कोई
वाचमैन नहीं बन जाता,
वाच करे आने वाले को
वाच करे जाने वाले को
सच्चा वाचमैन कहलाता।

अंग्रेज़ी की जगह
यहां जो
हिन्दी में ये बोर्ड लगाया,
अपने मन को बहुत सुहाया।

वाचमैन हिन्दी के यों तो
हैं घर घर में,
लेकिन एक यहां बैठा
मुंबई शहर में।
अच्छा लगा!

डियर मनोहर!
अच्छा लगा!
तुम सचमुच मनोहर हो,
निराले हो,
मातृभाषा के सच्चे रखवाले हो!

अपनी मां के दुलारे हो,
तो इस गुरूजी को भी
जी जान से प्यारे हो!

हमारी शुभकामना
तुम्हारे साथ है,
हिन्दी की तरह फलो-फूलो
सिर पर
ऊपर वाले का हाथ है।

कॉर्पोरेशन

वाह रे वाह कॉर्पोरेशन!
हमारी सुविधाओं के लिए बना है
या दुविधाओं के लिए बना है
ये कॉर्पोरेशन?
हमारे टैक्स के
पैसों से ही होता है
सारा ऑपरेशन!

साल भर से
सामने की सड़क
खुदी पड़ी है,
पाइप लाइन बैठी नहीं
मुसीबत खड़ी है।

वाह रे वाह कॉर्पोरेशन!
आम आदमी के लिए
एक सिर दर्द
एक बॉदरेशन!
इसके विरुद्ध होना चाहिए-
डिमॉन्स्ट्रेशन!
कली से फूल निकले
तो टैक्स लगाते हैं,
कमरे से धूल निकले

तो टैक्स लगाते हैं।
मकानों पर टैक्स
दूकानों पर टैक्स,
फिर लगाएंगे मेरे व्याख्यानों पर टैक्स!

टैक्स बढ़ाएंगे
सड़क पर घूमने वाली गायों पर,
शहर के सारे चौपायों पर,
और मुझ जैसे दोपायों पर!

फिर नोटिस आएगा
फ़रमान आएगा,
उनके दफ़्तर में
बंदा हाथ जोड़कर जाएगा,
नमस्ते की हथेलियों से
सौ दो सौ चुपचाप नीचे सरकाएगा,
तो बाबू धड़ल्ले से जेब में रखेगा
और थोड़ा सा टैक्स घटाएगा।

बंदा बोलेगा–
जी बड़ी मेहरबानी है!

हुं:, कॉर्पोरेशन के नल में
करप्शन का पानी है।

बेटे की बरसी

-आज बेटे की बरसी है।
(बागेश्वरी– 'क्या?')

आज बरसी है।
इस गगन की
आंख बरसी है।

साल भर तक मेघ
तेरी याद में
हर पल विकल
इस हृदय की धरती
मिलन के लिए तरसी है।
आज बरसी है।

अश्रु अंजलि
दे रहा आकाश
तड़पता यह प्रेम बंधन पाश
तुझको बांह में भरकर
लगा लूं कंठ से अपने,
मगर सब हो गए सपने।
फिर घुमड़ आई
पुरानी वही बदली,
छवि बसी जो आत्मा में

वह न बदली।
बूंद सागर में समाए
और ध्रुव तारा
सघन आकाश में
बाहर न आए,
वह सितारा
यदि हमें दिखता नहीं भूपर,
कहीं तो है वहीं ऊपर।

उसी की याद में ही
इस धरा के धैर्य की
धड़कन धड़कती है,
उधर देखो,
वहां जो बिजली कड़कती है।
वहीं उसकी उपस्थिति है,
प्रिये बागेश्वरी
वो ही अमर सी है।
आज बरसी है।

आज बरसी है,
तभी तो आज बरसी है,
ये कविता,
है नहीं शीतल
निरंतर एक ज्वर सी है।
बागेश्वरी जी,
आज बरसी है।

—तो फिर आनंद लो इसका!

यहां आकर भीगो।

—मैं तो अमरत्व के
परमानंद में
बहुत अंदर तक
भीग चुका हूं।
तुम्हें कैसे बताऊं कि
तुम्हें बताने से
क्यों रुका हूं!

—क्यों रुके हैं?
आइए न!
देखिए श्रीनिवासन तो
पूरा ही भीग चुका है।

श्रीनिवासन का प्रणय-गीत

मेरी प्राणप्रिये,
तारिणी
तारिका!
स्नेह सजनी सखी
सुन्दरी सारिका!

कोई जीवन में
रस ही न था जब तलक,
तुम न मुझको दिखीं थीं,
मगर अब तलक,
सिर्फ़ नयनों की भाषा में
बोला गया,
प्रेम भाषा में
मुंह तक न खोला गया।
किन्तु अब
मौन हरगिज़ न रह पाउंगा,
दिल की धड़कन की
हर बात बतलाउंगा।

प्रेम वह राग है
जिसको गाता गगन
इस ज़मीं के लिए,

प्रेम अनुराग है
जिसको गाता हृदय
महज़बीं के लिए।
प्रेम वह आग है
जिसको गाता है जल
और मछली सुने,

प्रेम वह बाग है
जिसमें गाए सुमन
और तितली सुने।

मेरी प्राणप्रिये,
मेरे दिल में बसी,
प्रेम संदेश सुन ले
प्रिये रूपसी!

मेरे तन-मन में
फैली हुई चांदनी,
डोर अपनी
तेरे संग ही बांधनी।

राष्ट्रभाषा
भले ही कुंआरी रहे,
पर कुंआरी न
तुम जैसी नारी रहे।

हनीमून-1

हनीमून! मधु चंद्र कहेंगे?
नहीं नहीं मधुयामिनी!
हनीमून मधुयामिनी!!

तडित्तरंग अनंग रंग में
दम दम दमके दामिनी,
पुरुष प्रकृति का स्वामी बनता
प्रकृति पुरुष की स्वामिनी।
हनीमून मधुयामिनी!!

महारास यह महामिलन का
महायज्ञ - मंदाकिनी,
परम उजाला परम तत्व का
पावन पुण्य प्रकाशिनी।
हनीमून मधुयामिनी!!

काव्य कामना कामदेव की
कोमल कंचन कामिनी,
हर हद तज कर अनहद गरजै
माधुरिया गज गामिनी।
हनीमून मधुयामिनी!!

नींद उड़ावै, अति मन भावै
हिया बजावै रागिनी,
सगी पिया की, पगी प्रेम में
ठगी ठगी अनुरागिनी।
हनीमून मधुयामिनी !!

हम अतीत में, कड़क शीत में
ग्रीष्म हुए सह गामिनी
हम भी थे स्मार्ट हैंडसम
तुम कमनीय मिनी मिनी।
हनीमून मधुयामिनी !!

हनीमून-2

हनीमून है वह मून जिस पर कोटि मून समर्पितम्,
संसार सारं सब तुम्हारम् किन्तु क्वारापन खतम्।

झिलमिलित पुष्पित कलित, हिल स्टेशनार्थ बुकिंग करम्,
दिल करे धुक-धुक, रेल छुक-छुक, सीट कर बुक क्या शरम्।

आशीष देते गुरु त्रिपाठी, हनीमूनित शुभ करम्,
हों एक युगल प्रसून, बच्चा सून आय मनोहरम्।

बहू दूल्हाय नमः
बेलन चूल्हाय नमः
मनोहर विद्याय नमः
माधवी श्रीनिवासाय नमः
श्री हनीमूनाय नमः
ओम् हरी हरी हरी!

(त्रिपाठी अपने शहीद पुत्र 'हरी' की याद में खो गए,
ऊपर तो हंसते रहे, भीतर-भीतर रो गए।)

किरकिटिया दुमदार-दोहे

(वर्ष 98 में नरेन्द्र जी ने 'क्रिकेट टुडे' नाम की पत्रिका की योजना बनाई तो प्रस्ताव रखा कि मैं नियमित रूप से क्रिकेट पर उनके लिए कुछ लिखूं। मैंने उन्हें सच्ची बात बता दी कि न तो मैंने यह खेल जीवन में कभी खेला और न इसके बारे में विशेष जानकारी है, लेकिन टी० वी० पर देखना और दर्शकों के उत्साह में सम्मिलित हो जाना बेहद अच्छा लगता है। इस जानकारी के बाद वे विश्वस्त हो गए कि मैं कुछ न कुछ लिख डालूंगा। फिर मैंने शुरू किया बच्चों से खेल की बारीकियों को सीखना। थोड़ा शिक्षित होने के बाद अब मैच देखने में ज़्यादा आनंद आने लगा और दुमदार-दोहे लिखने में भी। साल डेढ़ साल तक लिखता रहा। जब खेल में फिक्सिंग-फिक्सिंग होने लगी तो अपनी चेतना दुमदार-दोहों से खिस्किंग-खिस्किंग होने लगी। इन दोहों को पढ़ते समय कृपया ध्यान रखें कि इनका रचनाकाल उन्नीस सौ अट्ठानवै-निन्यानवै है। और अब फिर से मन करने लगा है कि लिखूं फिर से, एक नई समझदारी के साथ। तो, कभी भी पुन: शुरू कर सकता हूं। या तो फिर से दोहे, नहीं तो ऐसा कुछ जो क्रिकेट प्रेमियों का मन मोहे।)

(1)

कहां किरकिरी हो गई, कहां खेल था ग्रेट,
किरकिटिया दोहे पढ़ो, खेलो ख़ूब क्रिकेट।
चक्रधर कलम चलाए,
शतक सम्पूर्ण बनाए।।

(2)

बल्ला भी है बॉल भी, संग में डंडे चार,
अब देरी किस बात की, किरकिट खेलो यार।
खेल ये ठुक ठुक वाला,
बड़ा दिलचस्प निराला।।

(3)

बचपन में खेलें सभी, गली मुहल्ले बीच,
पिच की चिन्ता ही नहीं, सूखा है या कीच।
लगन यदि सच्ची जागे,
फील्ड में दिनभर भागे।।

(4)

क्रांति सदा लाएं युवा, जीवन हो या खेल,
वार न करती दूर तक, ढीली पड़ी गुलेल।
मंज़िलों की मंज़ूरी,
जवानी बिना अधूरी।

(5)

सट्टेबाज़ी इन दिनों, बनी क्रिकिट में न्यूज़।
हार जीत को कीजिए, पैसे के बल चूज़।।
लूज़ है लेने वाला।
फ्यूज़ है देने वाला।।

(6)

डब्ल्यू डबल्यू एफ की, कुश्ती देखें आप।
शीघ्र पता चल जाएगा, पहलवान का पाप।।
चित्त है चारों ख़ाने।
भर लिए मगर ख़ज़ाने।।

(7)

अगर क्रिकिट में भी यही, गुपचुप होगा आज,
माफ़ न इसको कर सके, प्रेमी क्रिकिट समाज।
क्योंकि है भोलाभाला।
न जाने गड़बड़झाला।।

(8)

जो भी करते खेल में, धन लेकर पाखण्ड,
उनको मिलना चाहिए, देश-द्रोह का दण्ड।
कहे पन्नू पनवाड़ी।
नहीं वो कोई खिलाड़ी।।

(9)

कौशल का पैसा मिले, यह तो है स्वीकार।
दर्शक को अच्छी लगे, पुरस्कार की कार।।
जीत को यदि बेचोगे।
नतीजा खुद भोगोगे।।

(10)

हद से ज़्यादा हो अगर, धन का मन से मेल,
मज़ा शुद्ध आए नहीं, कविता हो या खेल।
लगन जब लगे अधूरी।
रहेगी दिल से दूरी।।

(11)

मुंबई ने हमको दिए, प्लेयर कई महान,
भारतीय किरकेट की, सदा बढ़ाई शान।
वहीं से मिले गवास्कर,
वहीं से ही वेंगसरकर।।

(12)

तेंबुलकर का नाम है, सबसे ऊंचा आज,
सचिन नहीं है अब किसी, परिचय का मोहताज।
ताज उसको पहनाओ,
स्वयं को सचिन बनाओ।

(13)

सैविण्टी थ्री में सुनो, एप्रिल ट्वैण्टी फोर,
जन्मा तेंदुलकर प्रवर, हर्ष हुआ हर ओर।
खिलाड़ी है बचपन से,
प्यार पाता जन-जन से।

(14)

सबसे छोटी आयु थी, साढ़े सोलह साल,
अपने पहले टैस्ट में, दिखला दिया कमाल।
खेल खेला लासानी,
हुई सबको हैरानी।

(15)

आता है जब क्रीज़ पर, भर जाता उत्साह,
चौके छक्के देखकर, दर्शक कहते वाह।
वाह रे सचिन हमारे,
क्रिकेट के राजदुलारे।

(16)

उम्र नहीं कुछ ख़ास है, अब होगी पच्चीस,
कीर्तिमान तोड़ो सभी, कवि देता आसीस।
विपक्षी तुमसे कांपें,
चाल हरगिज़ ना भांपें।

(17)

मुड़कर देखा ही नहीं, खेला धूंआधार,
जनता ने भी प्रेम को, रक्खा नहीं उधार।
क्रिकेट के हो उद्धारक,
शत्रुओं के संहारक।

(18)

गावस्कर ने, कपिल ने, खेली ग्रेट क्रिकेट,
लेकिन बढ़ती उम्र ने, ज्यों ही लिया लपेट।
सुविद्या जो भी पाई,
दूसरों को सिखलाई।

(19)

खेल जवां रहता तभी, प्लेयर मिलें जवान,
सही समय पर हो, सही, प्रतिभा की पहचान।
खिलाड़ी हों दमख़म के,
तभी तो खेलें जम के।

(20)

ताज़ा ताज़ा मिल गए, हमें खिलाड़ी चार,
चारों के चारों प्रखर, चारों ही हुशियार।
हुनर सीखे हैं सारे,
बन गए नए सहारे।

(21)

पहला नंबर अगरकर, फिर कानिटकर आय,
संग हरभजन, सांघवी, आशा दीप जलाय।
भरोसा तुम पर भारी,
टिकी है नज़र हमारी।

(22)

अजित अगरकर टीम को, है मुंबई की देन,
गुरु अचरेकर ने किया, श्रम से इसको ट्रेन।
बॉल से बादल फाड़े,
जीत के बजे नगाड़े।

(23)

सैविंटी सैविन इयर, डेट दिसंबर फोर,
जन्मा प्यारा अगरकर, हर्ष हुआ चहुं ओर।
दिशाओं ने पुचकारा,
क्रिकेट को मिला सितारा।

(24)

किधर घुमाए बैट को, बैट्समैन चकराय,
आग उगलती गेंद से, दिग्गज भी घबराय।
बॉल की यह चतुराई,
बनाए रखना भाई।

(25)

आठ जुलाई बहत्तर, दिन था बड़ा नफ़ीस,
जन्मा सौरव गांगुली, वर्ष हुए छब्बीस।
क्रिकेट का कंठमाल है,
खिलाड़ी बेमिसाल है।

(26)

चीता है बंगाल का, मन जीते हर बार,
प्रिय सौरव के खेल में, संभावना अपार।
खिलाड़ी बड़ा जुझारू,
शेर से डरे कंगारू।

(27)

प्रैस कभी तो जल्द ही, हो जाती इम्प्रैस,
कभी करे आलोचना, प्लेयर रहे सप्रैस।
यही है बड़ी कठिनता,
कोई बस कमियां गिनता।

(28)

उसने तो बस खेल में, लगन रखी भरपूर,
आलोचक भी हो गए, कहने को मजबूर-
गांगुली में दमख़म है,
विकट बंगाली बम है।

(29)

सौरव बांए हाथ का, बांका बल्लेबाज,
ऐसे झपटे बॉल पर, जैसे झपटे बाज।
फील्ड को झांसा दे के,
बॉल बाउंड्री फेंके।

(30)

कपिल देव के बाद में, ऑल राउंडर एक,
आया सौरव गांगुली, यह बोला प्रत्येक-
दूध को मिला बताशा,
बॉल-बल्ले को भाषा।

(31)

श्रेष्ठ तुम्हीं को मानते, सब अख़बारनवीस,
एक साल में रन बने, तेरह सौ अड़तीस।
वर्ष का हीरो माना,
हुनर सबने पहचाना।

(32)

प्रमुदित पूरा देश है, खुश पश्चिम बंगाल,
बिन सौरव के टीम अब, लगती है कंगाल।
ख़ूब जलवे दिखलाओ,
क्रिकेट में बढ़ते जाओ।

(33)

कलाकार है मंच पर, पीछे है नेपथ्य,
किंतु भुला देते सभी, एक ज़रूरी तथ्य।
जो पीछे है परदे के,
वही तो सब कुछ देखे।

(34)

किरकिट को सब मानते, बैट्समैन का खेल,
बॉलर है नेपथ्य में, जिसके हाथ नकेल।
यही दुख हमको भारी,
बैट है सत्ताधारी।

(35)

बॉलर अपनी टीम में, हैं तो अभी अनेक,
सबसे अच्छा किंतु है, लेग स्पिनर एक।
नाम है अनिल कुम्बले,
कांपते इससे बल्ले।

(36)

लम्बा मुख, लम्बा बदन, लम्बी भरे उछाल,
स्पिन करती बॉल से, पिच पर करे कमाल।
मगर पिछला कुछ अरसा,
हाथ आई असफलता।

(37)

असफलताएं हर जगह, करती हैं नुकसान,
छिन जाता पल मात्र में, मिला हुआ सम्मान।
समय आया जब काला,
टीम से गया निकाला।

(38)

बॉबी सिम्पसन ने दिया, जब उसको गुरुमंत्र,
चेन्नई में कुम्बले, ऐसा हुआ स्वतंत्र।
गेंदबाज़ी थी ऐसी,
भयानक आंधी जैसी।

(39)

फिर से वापस आ गया, विकट आत्मविश्वास,
उसके जैसा स्पिनर, नहीं हमारे पास।
गेंदबाज़ी में लय है,
ऊर्जा का संचय है।

(40)

शेनवार्न, मुश्ताक औ' अनिल कुम्बले तीन,
बॉल फेंकने की यही, सबसे श्रेष्ठ मशीन।
विकिट को लगे गिराने,
अनिल के सही निशाने।

(41)

किरकिट में रहती सदा, कीर्तिमान की होड़,
टेलर ने लेकिन उसे, पीछे दीना छोड़।
दिखाया ज़रा भाव ना,
दिखाई खेल-भावना।

(42)

पेशावर के टैस्ट में, टेलर किया कमाल,
तीन दशक, चौंतीस रन, अविजित, बिना मलाल-
सुनहरी मौका त्यागा,
कीर्तिमानों से भागा।

(43)

ब्रैडमैन हैं कीर्ति में, सर्वोत्तम, सरताज,
टेलर उनसे भी अधिक, रन पा सकता आज।
किन्तु श्रद्धा के कारण,
त्याग बैठा सिंहासन।

(44)

आलोचक भी रह गए, इस निर्णय से दंग,
चैपल बोले- 'मार्क को, लड़नी थी ये जंग!
छूटता पीछे लारा,
चमकता और सितारा।'

(45)

नया इशारा ये दिया, कीर्तिमान बेकार,
खेल-भावना से सदा, मिलकर खेलो यार।
टीम को रक्खो आगे,
न तोड़ो स्नेहिल धागे।

(46)

सिर्फ़ नतीजों से नहीं, प्लेयर बने महान,
प्लेयर हो तुम बाद में, पहले हो इंसान।
सीख है यह टेलर की,
अर्चना करो हुनर की।

(47)

एलन बार्डर ने कहा- 'निर्णय था ये ठीक,
टेलर ने इतिहास की, तोड़ीं सारी लीक।
नाम टेलर का सुन्दर,
बन गया स्वर्णिम अक्षर।

(48)

ब्रैडमैन ने ख़ुद उसे, दिया स्नेह संदेश,
टेलर की उपलब्धि पर, गर्व करेगा देश।
डॉन का ये बयान है,
मार्क टेलर महान है।

(49)

विकिटकीपरी क्रिकेट में, बड़ा विकट है काम।
लेकिन मिलता ही नहीं, इसका खास इनाम।
नज़र में सिर्फ़ बॉल हो,
चौकसी बहरहाल हो।

(50)

नयन मोंगिया बॉल पर, झपट पड़े तत्काल।
विकिटकीपरी में उसे, हासिल हुआ कमाल।।
कला इसकी लासानी,
और सब भरते पानी।

(51)

विकिटकीपरी चाहती, पिच पर चौकस आंख।
नयन न चूकें नयन के, ज़बर्दस्त है साख।।
न लाता बिल्कुल सुस्ती,
बनाए रखता चुस्ती।

(52)

सिक्स्टी नाइन फरवरी, जन्म-दिवस उन्नीस।
काम मगर उसने किए, किरकिट में इक्कीस।।
मस्त रहता इतराता,
ख़ूब ही शोर मचाता।

(53)

कहा पिता ने एक दिन, मेरी है ये चाह।
टी॰वी॰ पर देखूं तुम्हें, दर्शक बोलें वाह।।
दुआएं मेरी ले लो,
खेल को दिल से खेलो।

(54)

नयन मोंगिया के लिए, प्रेरक थी यह बात।
अंदर के उत्साह से, गूंज उठे जज़्बात।।
करूंगा इच्छा पूरी,
कसर ना रखूं अधूरी।

(55)

सौ से ज़्यादा अब तलक, खेले वन डे मैच।
सौ से कुछ कम ले लिए, इन मैचों में कैच।।
रनों की संख्या कम है,
मगर इसका क्या ग़म है।

(56)

क्षेत्र एक चुन लीजिए, उसमें रहिए टॉप।
यह संभव होता तभी, श्रम हो नॉन-स्टॉप।।
चुनौती हर स्वीकारी,
तभी तो बाजी मारी।

(57)

खेलों का उद्देश्य है, आपस का सद्भाव,
ताव दिखाकर जो करें, दिल के पिच पर घाव,
प्रेम सीखें कुछ अरसे।
भेज दो उन्हें मदरसे।।

(58)

नहीं मानते खेल को जो आवश्यक कर्म,
उनसे पूछो तो ज़रा, क्या नफ़रत ही धर्म?
नज़रिया बड़ा तंग है।
खेल ये नहीं जंग है।।

(59)

देख देख कर हाल यह, होता है अफ़सोस,
प्रेमी दर्शक क्या करें, दिल को रखें मसोस।
दोहरे दंद फंद हैं।
समझ के द्वार बंद हैं।।

(60)

चेन्नई के मैच में, हारी अपनी टीम।
ताली मिलीं विपक्ष को, यही खेल तालीम।।
हार का कैसा क्रंदन,
किया उनका अभिनंदन।।

(61)

चप्पे चप्पे पर पुलिस, अर्द्ध-सैनिकों संग,
आई जब मैदान में, रंग हुआ कुछ भंग।
किन्तु सब उन्हें सराहें।
खेल को वे भी चाहें।।

(62)

हवलदार या एस.पी., डी.आई.जी., आयुक्त,
सब किरकिट मैदान में, मैच देखते मुफ्त।
करी ड्यूटी की ड्यूटी,
मज़ेदारी भी लूटी।।

(63)

नहीं करेगा आज, वह कोई लाठीचार्ज,
लाठी रखकर बैंच पर, चौकी का इंचार्ज,
करे चौके की चिन्ता।
रनों की संख्या गिनता।।

(64)

खोजी कुत्तों से घिरा, कुल किरकिट मैदान।
सूंघें कम देखें अधिक, संग में आए श्वान।।
मैच का लुत्फ़ उठाएं।
कैच पर पूंछ हिलाएं।।

(65)

कप कंगारू ले गए, वो भी प्लेट समेत,
हम टिपियाते रह गए, चिड़िया चुग गईं खेत।
रो रहे खेल-जुआरी,
कंठ पर चल गईं आरी।

(66)

लगे करोड़ों दांव पर, मचा हर तरफ़ शोर,
लापरवाही खेल में, दिल मांगे नो मोर।
दुखी हैं हिन्दुस्तानी,
कठघरे में कप्तानी।

(67)

दैन्य दशा दिखला गए, पहले दोनों मैच,
अफरीका और केन्या, ले गए हमसे खैंच।
छा गई थी मायूसी,
बढ़ गई कानाफूसी।

(68)

पितृ-शोक में भी सचिन, आए रखने लाज,
जिम्बाव्वे की बॉल पर, झपटे जैसे बाज।
देश ने उन्हें सराहा,
बाद में मगर कराहा।

(69)

क्योंकि दिखा पाए नहीं, आगे और कमाल,
विज्ञापन-पिच पर मगर, ख़ूब बटोरा माल।
ध्यान इस पिच पर देते,
माल भी ज़्यादा लेते।

(70)

सुपर सिक्स में आ गए, बच गई थोड़ी नाक,
धाक ज़रा सी बढ़ गई, हारा हमसे पाक।
इसी में मगन हो गए,
धरा से गगन हो गए।

(71)

सेमी तक पहुंचे नहीं, रहा फाइनल दूर,
सपने अपने हो गए, सारे चकनाचूर।
हाथ बस लगी हताशा,
तमस दे गया तमाशा।

(72)

नज़र लग गई सचिन को, उठा कमर में दर्द,
जलने वाले हैं बहुत, सब ज़ालिम बेदर्द।
नज़र कोई टेढ़ी आई,
कमरिया से टकराई।।

(73)

खड़िया मुख पर पोत कर, क्रिकिटर खेलें खेल,
शर्म हया कुछ भी नहीं, लगें भले बेमेल।
सलोना सुंदर नीका,
लगा तू काला टीका।।

(74)

फ़ौज डॉक्टरों की सचिन, कर देगी कन्फ़्यूज़,
देसी नुस्खे हैं बहुत, उनको भी कर यूज़।
बड़े अनुभव से पाए,
बुज़ुर्गों ने बतलाए।।

(75)

हल्दी वाले दूध से, जल्दी हो आराम,
घातक होता दर्द में, गलत-सलत व्यायाम।
न उकसावे में आना,
न अति उत्साह दिखाना।।

(76)

दूध मगर नकली मिले, हल्दी है पेटैण्ट,
भारत में रोते मिले, दुखियारे पेशैण्ट।
गाय अब घर में पालो,
स्वयं ही दूध निकालो।।

(77)

आस्ट्रेलियन डॉक्टरो! सुनो लगाकर कान,
सचिन वहां पर आएगा, जो भारत की जान।
ध्यान से उसे परखना,
प्यार से उसको रखना।।

(78)

नाड़ी आड़ी हो नहीं, स्वास्थ्य लाभ हो तेज़,
आवश्यक आराम हो, आवश्यक परहेज़।
रात में अधिक न जागे,
कोच से कुछ दिन भागे।।

(79)

चौके छक्के दनादन, पिच पर पुनः लगाय,
नज़र रहे बस बॉल पर, नज़र न लगने पाय।
हमारा यही नज़रिया,
सलामत रहे कमरिया।।

(80)

कैसे आउट हो सचिन, गेंदबाज असमर्थ,
अम्पायर जी सोचते, समय गंवाना व्यर्थ।
क़िले को तुम ही भेदो,
एल बी डब्ल्यू दे दो।।

(81)

उंगली पकड़ें बॉल को, उंगली बॉल घुमायं,
उंगली ही फेंकें, मगर, आउट ना कर पायं।
निरर्थक स्पिन गुगली,
धन्य अम्पायर उंगली।।

(82)

बॉल शोल्डर पर लगी, एल बी डब्ल्यू पाय,
विकिट ढक गए किस तरह, कोई तो समझाय?
सचिन का कद है ऊंचा,
मानता विश्व समूचा!!

(83)

'एल बी डब्ल्यू' का रखो, 'एस बी डब्ल्यू' नाम,
'लैग' 'शोल्डर' का फ़रक, समझे खासो आम।
नियम पहले बनवाओ,
तभी उंगली उठवाओ।।

(84)

अम्पायर थे 'हारपर', चाह रहे थे जीत,
जीत सभी चाहें मगर, ऐसा भी क्या मीत।
उठाई तुमने उंगली,
उठ गई तुम पे उंगली।।

(85)

ट्रे पकड़ी थी आस की, लिया ईश का नाम,
आस्ट्रेलिया में मिले, लेकिन खाली जाम।
दिखाएं क्या नाराज़ी,
पिट गई बल्लेबाज़ी।।

(86)

लेले ने तो कर दिया, पहले ही ऐलान,
यहीं धरे रह जायंगे, विक्ट्री के सब प्लान।
कंगारू फिर मारेंगे,
शान से हम हारेंगे।।

(87)

दे दे लेले को अभी, अपना हौरस्कोप,
वही बताए देखकर, फ्यूचर का स्कोप।
दुखी दिन कब बीतेंगे,
कहां पर हम जीतेंगे?

(88)

कंगारू भारी पड़े, चीते जीते नायं,
मनचीते चीते सभी, अब बकरी कहलायं।
चल रही चक चक भारी,
कहां पर कमी हमारी।।

(89)

कमी ला रहा खेल में, पैसा और प्रचार,
बाह्य चमक से बुझ गई, अंदर की चमकार।
गई बल्ले की बिजली,
चदरिया रही न उजली।।

(90)

बड़ी टीम से तो भली, अपनी छोटी टीम,
गर्म जोशियों से भरी, साहस की स्टीम।
खुद पटरी पर दौड़ी,
हो गई छाती चौड़ी।।

(91)

श्रीलंका से वर्ल्डकप लाए नए जवान,
बड़ी टीम में लाइए, करके अनुसंधान।
यही जमकर मारेंगे,
फिर नहीं हम हारेंगे।।

(92)

लेकिन ले डूबे नहीं, मद, पद, पैसा प्यार,
इज़्ज़त अपने देश की समझें आख़िरकार।
बनाए रखें भाप को,
खेल के तेज ताप को।।

(93)

भारी यही विडम्बना, यही भयानक खेद,
भरे सिलिंडर में यहां, हो जाता है छेद।
फुस्स जो हो जाते हैं,
हुनर जो खो जाते हैं।।

(94)

कर थोड़ी सी साधना, पा थोड़ी सी सिद्धि,
मिल जाती आराम से चारों ओर प्रसिद्धि।
बाद में गोलमाल है,
क्रिकिट का यही हाल है।।

(95)

ताप भरी ये भाप अब, नहीं बने संताप,
प्राण लगा दो खेल में, प्रण कर लो चुपचाप।
देश का हित पहचानो,
करो या मरो जवानो।।

(96)

छिन-छिन यह सोचे सचिन, विन न कर सके हाय,
इसीलिए संकोच बिन, इस्तीफ़ा भिजवाय,
करी है बात अकल की,
उसे है चिंता कल की।।

(97)

कप्तानी में झेलकर, भारी झंझावात,
वापस लौटे खेल में, बड़ी ख़ुशी की बात।
प्यार सब तुमसे करते,
खेल पर ही तो मरते।।

(98)

छक्के पर छक्के लगें, भेद देयं आकास,
छक्के छूटें शत्रु के, अपनी ये अरदास।
बॉल की करो धुनाई,
हमारे कुंवर कन्हाई।।

(99)

भुजा-शक्ति पतवार से, जैसे चलती नाव,
उसी तरह बल्ला घुमा, रखकर दूर तनाव।
पार यदि कर लो बेड़ा,
ख़त्म हो जाय बखेड़ा।।

(100)

वैसे तुम होते नहीं, निंदक से नाराज़,
फिर भी न्यौता दे उसे, पास बिठा लो आज।
गांठ सब मन की खोलो,
कमी क्या रही टटोलो।।

(101)

हार जीत जारी रहें, मगर हार ही हार,
दर्शक को होती नहीं लगातार स्वीकार।
इसलिए प्रण अब धारो,
खेल का रूप सुधारो।।

(102)

जो कहते हैं खेल में, राजनीति सिरमौर,
नीति-अनीति विचार कर, वे सोचें कुछ और।
खेल से तो ना खेलें,
हार को भी तो झेलें।।

(103)

प्यारे सौरव गांगुली, तू है अपना शेर,
बढ़ा मनोबल टीम का, मिटा सभी अंधेर।
जीत यदि तूने ठानी,
सफल होगी कप्तानी।।

(104)

सौरव मन से चाहता, बीती देउ बिसार,
कप्तानी के साथ में, दो ज़्यादा अधिकार।
व्यूह को स्वयं बुनूं मैं,
खिलाड़ी स्वयं चुनूं मैं।।

(105)

पिता लिखेंगे जीवनी, किया गया ऐलान,
थोड़े दिन तक रोक लें, अपना प्यारा प्लान।
पुत्र कुछ हुनर दिखा लें,
जीवनी तभी निकालें।।

(106)

सौरव गौरव हो गया, जब दिलवाई जीत,
दिवस सचिन के भी फिरे, हमको हुआ प्रतीत।
मिटा कुछ झंझट जी का,
पिटा दक्षिण अफ्रीका।।

(107)

शारजाह में पाक ने, साफ़ चटा दी धूल,
फिर से शोधन चल रहा, हुई कहां पर भूल।
शिथिल थी क्या कप्तानी,
पिटे क्यों राजा जानी?

(108)

लकी कहें या अनलकी, गौरव तू ही बोल,
कहीं लगे मज़बूत, पर, खुले कहीं पर पोल।
होल है कहां बता रे,
झोल क्यों खाता प्यारे।।

(109)

सचिन हमारे देश का, प्लेयर है कम्प्लीट,
बल्ला हो या बॉल हो, करता ढंग से ट्रीट।
नेत्र उसके दुरुस्त हैं,
फ़ील्ड में सदा चुस्त हैं।।

(110)

यों तो चुंबक है सचिन, कृष्ण सरीखा भाय,
भोली सूरत देखकर, हर राधा बलि जाय।
किंतु यह नटवर नागर,
तोड़ता आशा गागर।।

(111)

चुंबक शायद पैड में, लगी सचिन के हाय,
सीधी-सादी बॉल भी, सीधे जा टकराय।
होय आउट पगबाधा,
रोयं कान्हा की राधा।।

(112)

सबसे ज़्यादा तेज़ है, रौबिन सिंह की चाल,
रन भी लेता तेज़ है, मगर व्यूह जंजाल,
बिचारा समझ न पाता,
शीघ्र वापस आ जाता।।

(113)

टकराता रहता सदा, अपना हो या .गैर,
आंख मूंद कर दौड़ते, उसके दोनों पैर।
नज़र से देख नज़ारे,
न ऐसे तू टकरा रे।।

(114)

जो केवल अपने लिए, खेल रहा यह खेल,
रन केवल मेरे बनें, बाकी बेचें तेल।
जीत से उसे चाव ना,
चाहिए खेल भावना।।

(115)

ये माना इस दौर में, लगें बड़े स्टेक,
पैसे के आगे मगर, तू मत घुटने टेक।
सोच ले कैश बड़ा है,
या कि ये देश बड़ा है।।

(116)

इंद्रजीत बिन्द्रा रहे, क्रिकिट बोर्ड अध्यक्ष,
भूतपूर्व जी बोलते, खुले आम प्रत्यक्ष।
इधर भी फ़िक्सिंग फ़िक्सिंग,
उधर भी फ़िक्सिंग फ़िक्सिंग।।

(117)

ऐसा था तो क्यों रहे, पद पर बैठे आप,
घपले क्यों होने दिए, इधर उधर चुपचाप।
तभी देते इस्तीफ़ा,
आज क्यों बने ख़लीफ़ा?

(118)

यार-दोस्त चिल्ला रहे, खुल जा सिम सिम खेल,
अगर खुल गया खेल तो, कोर्ट कचहरी जेल,
खिलाड़ी भी झेलेंगे,
सींखचों में खेलेंगे।।

(119)

इच्छा तो घनघोर थी, मार न पाया सिक्स,
नहीं मारना फोर भी, था पहले से फ़िक्स।
खेल से नाता कैसा,
कमा ले जमकर पैसा।।

(120)

घटाटोप में लग रहे, नए नए आरोप,
कोप हुआ बारूद सा, छूट रही हैं तोप।
दृश्य है हाहाकारी,
झुलसती क्रिकिट बिचारी।।

(121)

धन्य हैंसी क्रोनिए, धन्य क्रिस लुइस वीर,
धन्य प्रभाकर धन्य तू, हमको किया अधीर।
चीर सब मिलकर खींचें,
कब तलक आंखें मीचें।।

(122)

मूर्ति बनी, पूजा हुई; सबने चखा प्रसाद,
जिसको थोड़ा कम मिला, उसको है अवसाद।
क्रोध में बिना ज़रूरत,
तोड़ दी उसने मूरत।।

(123)

कपिल देव यों मत बहा, आंसू हैं अनमोल,
जिनके कड़वे बोल हैं, खोल उन्हीं की पोल।
ढोल होते हैं पोले,
फोड़ दे सभी फफोले।।

(124)

सट्टे से बट्टा लगा, दिल है खट्टा आज,
हट्टे-कट्टे खेल के, हुई कोढ़ में खाज।
चल रही लट्ठम-लट्ठा,
पटखनी देता पट्ठा।।

(125)

किरकिट गिरगिट सी हुई, पल-पल बदले रंग,
गिर गिर कर पिटने लगी, मन में उठी तरंग।
आस्था अपनी खिसकिंग,
सुनी है जब से फ़िक्सिंग।।

(126)

ग्लैमर गुडविल गेम की, गिल्ली गई गिराय,
बार बार रक्खें मगर, फिर फिर गिर गिर जाय।
विकिट की हालत ढिल्ली,
गिलगिली हो गई गिल्ली।।

(127)

सट्टा बाई छिनरिया, अट्टा लिया सजाय,
बाई के रन छोड़कर, बाई का धन पाय।
खिलाड़ी बड़ा मवाली,
दनादन खाय दलाली।।

(128)

दामन दाग़ी हो गए, बिगड़ गई है क्रीज़,
पिच पर पिच-पिच हो रही, फ़िक्सिंग ऐसी चीज़।
आंख से विकिट गिरे हैं,
खिलाड़ी विकट घिरे हैं।।

(129)

ओवर बिन ओवर हुआ, इतना सोबर खेल,
सट्टेबाजों ने किया, गुड़-गोबर का मेल।
झेलना मुश्किल भैया,
खेलने लगा रुपैया।।

(130)

अजरू जट्टू औ' कपिल, करते ख़ूब अपील,
जनता अंपायर बनी, धंसी कलेजे कील।
उठाए किस पर उंगली,
प्रभाकर खेला गुगली।।

(131)

सीमा रेखा पार कर, गेंद हो गई डैड,
काले काले हो गए, उजले उजले पैड।
कहां तक करें सफाई,
भ्रमित है सी बी आई।।

(132)

हार जीत का हो रहा, अब जमकर व्यापार,
गेंद न फेंकूं ज़ोर से, पैसा फेंको यार।
खिलाड़ी है मुट्ठी में,
नशा है इस घुट्टी में।।

(133)

वन डे किरकिट ने किया, तिरकिट धिन्ना खूब,
दर्शक की उत्तेजना, आज बन गई ऊब।
यही है भारी पीड़ा,
नाचता शक का कीड़ा।।

(134)

क्रिकेट-प्रेमियों के लिए, बहुत कठिन यह दौर,
अब मन लगता ही नहीं, चैनल देखें और।
हुआ दिल खट्टा खट्टा,
सुना जब फ़िक्सिंग सट्टा।।

(135)

विकेट गए पाताल में, बॉल गई आकाश,
पैसे ने सचमुच किया, ऐसा सत्यानाश।
बचा लो इसको यारा,
खेल ये बेहद प्यारा।।

पीर पराई जाणें रे

(बी॰बी॰सी॰ ने लिखवाई यह नाटिका और दिखाई टेलीविज़न पर।)

पीर पराई जाणें रे

गीत-नाटक

दृश्य-1 / मंच

(नायक मंच के बीच में खड़ा है)

वाचक : नायक कुष्ठ रोगी था। अतीत की कड़वी यादें उसे रह रह कर सताती हैं।

माणख वो ही माणख
जो माणख मनवा पहचाणें रे,
सुणें पुकार जो उट्ठे जी से
पीर पराई जाणें रे!

(नायक गाता है)

जैसे हवा का मीठा मीठा झौंका
आ जाता है बिना देखे कोई मौका
वैसे ही आया हूं मैं बेबे– समाया हूं मैं
दिल में जिगर में
इधर से उधर तक
यहां से वहां तक
डूब जाओ मेरी महक में
डूब जाओ सनम!

छतों से मुंडेरों से छिपता छिपाता
दरख्तों के पत्तों से बातें बनाता
यहां गुनगुनाया हूं मैं बेबे– ले आया हूं मैं
ख़ुश्बू ही ख़ुश्बू
जो फैली थी हरसू
इधर से उधर तक
यहां से वहां तक
चुलबुली चंचल चहक में
डूब जाओ सनम!

नदियां की बढ़ती हुई तेज लहरें
समंदर के आने से पहले न ठहरें
वैसे ही आया हूं मैं बेबे– नहाया हूं मैं
थिरकते हैं झरने
लगा मैं तो मरने
इधर से उधर तक
यहां से वहां तक
मेरी मोहब्बत के हक में
डूब जाओ सनम!

दृश्य-2/ग्रीनरूम

(नायक अभी-अभी अपना पहला गीत गाकर मेकअप रूम में आया है। उसकी बहन ने उसे पहचान लिया। दोनों के बीच में शिकवे-शिकायतों और दर्द से भरा हुआ संवाद चल रहा है।)

बहन : (उलाहना देते हुए) कैसे कह सकते हो कि पूरा घर तुमसे नफ़रत करता था। मुझ पर ये इल्ज़ाम तुम नहीं लगा सकते। मेरी शादी वाली बात को तो मोहरा बनाया

गया था। क्या तुम्हें मालूम है कि मैंने आज तक शादी नहीं की। सिर्फ़ तुम्हारी ख़ातिर नायक, तुम्हारी ख़ातिर। मेरी ज़िन्दगी का केवल एक मकसद बन गया– तुम्हें ढूंढ़ना। तुम अंदाजा लगा सकते हो कि कहां कहां भटकी हूं तुम्हारे लिए? और तुम्हें बताने के लिए कि कोढ़ या कुष्ठ को मैं कोई बीमारी नहीं मानती। मैं जानती हूं कि इसका इलाज हो सकता है।. . . हां जो दिमाग़ कोढ़ी हैं उनके लिए तो दूसरे ही इलाज करने होंगे।

नायक : (हैरानी से) ऐ लड़की, सच कह रही हो!

बहन : मैं प्रमाण देने की कोई जरूरत नहीं समझती। लेकिन नायक! आज तुम सफलता की बुलंदियों को छू रहे हो। लोग तुम्हें दिल की गहराइयों से प्यार करते हैं। अपनी सच्ची कहानी अपने प्रेमियों को क्यों नहीं बताते। क्यों नहीं खोलते ज़माने की आंखें।

नायक : (व्यंग्य से) ज़माने की आंखें! ज़माने की आंखों ने कितनी बुरी तरह मुझे एक घूरा समझ के घूरा है। ओ लड़की, मैं इस समाज को माफ़ नहीं कर सकता।

बहन : तो क्या प्यार से छलछलाते तुम्हारे गाने एक छलावा हैं, दिखावा हैं, नाटक हैं, ढकोसला हैं. . .जब इतनी नफ़रत तुम्हारे दिल दिमाग में भरी हुई है। जिस समाज से इतनी नफ़रत करते हो उसे प्यार का पैगाम क्यों देते हो?

नायक : सोसायटी ने मेरे साथ बुरा किया इसका मतलब ये तो नहीं कि मैं सोसायटी का बुरा करूं, बुरा सोचूं।

बहन : यही तो मैं कह रही हूं नायक, तुम अगर सच्चे मन से

समाज की भलाई चाहते हो तो अपनी सच्ची कहानी लेकर सोसायटी के सामने आओ।

नायक : (एक दुखी हंसी के साथ) फिर मुझे कोई नहीं बुलाने वाला लड़की। जितनी भीड़ देखती हो ना मेरे प्रोग्रैम्स में. . .सब मुझे देखते ही भागेंगे। अभी ऑटोग्राफ़ लेते हैं फिर फ़ोटोग्राफ़ भी फाड़ देंगे। क्या पता कहीं फ़ोटो छूने से ही कोढ़ हो जाए।

बहन : भूल है तुम्हारी! भयंकर भूल, सोसायटी अब अंधी नहीं है। मीडिया ने काफ़ी हद तक सोसायटी की आंखें खोली हैं। उन्हें अगर तुम जैसी सक्सस स्टोरीज़ मिलेंगी तो रहे-सहे वहम भी जाते रहेंगे। मैं दावे के साथ कहती हूं कि सच्ची कहानी सुनाओगे तो तुम्हारी इज़्ज़त सौ गुना बढ जाएगी।

नायक : साथ दोगी मेरा?

बहन : तुम तैयार तो हो जाओ। देखना कितने लोग तुम्हारा साथ देते हैं।

नायक : पता नहीं क्यों मुझे भरोसा नहीं होता। नफ़रत से भरी हुई भयानक नज़रें सपने में भी मेरा पीछा करती हैं।

बहन : तो वहीं से शुरू करो न कहानी।

दृश्य-3/मंच

(एक फ़ैंटैसी सैट। मंच पर अनेका छायाकृतियां दिख रही हैं जो स्पॉट लाइट में आते हुए नायक को देख रही हैं।)

नायक : पीछा करती हैं निगाहें,
रोक लेती हैं मेरी राहें।

भयानक हैं ये आंखें,
बड़ी बेरहम हैं ये . आखें।
एक आंसू को घर से निकाला,
है धुंधलका धुंधलका उजाला।

कोरस : धुंधलका धुंधलका उजाला।

नायक : चंद धब्बे दिखे चांद में थे,
फिर न रह पाए वो मांद में थे।

(स्पॉट लाइट नायक से हटकर स्टेज की किसी दीवार पर चन्द्रमा की तरह स्थिर हो जाती है। स्पॉट लाइट में कुछ दाग़ भी चन्द्रमा की तरह दिखाई देते हैं। मंच की कुछ छायाकृतियां भेड़ियों की मुद्राएं बनाते हुए चन्द्रमा के चारों ओर इकट्ठी हो जाती हैं और शोर करती हैं–)

छायाएं : कोढ़ी. . .कोढ़ी. . .कोढ़ी!

(स्पॉट लाइट धीरे-धीरे डिम होती है। नायक एक कोने में उदास बैठा है)

नायक : मुंह उठाकर किया शोर भारी,
चांद सोया नहीं रात सारी।
वक़्त था सख़्त और स्याह काला
बस धुंधलका धुंधलका उजाला।

कोरस : धुंधलका धुंधलका उजाला।

(स्कूल का प्रिंसिपल माता-पिता से बात कर रहा है। एक छोटा बच्चा सबसे पीछे इनकी बातें सुन रहा है और घबराया हुआ है।)

प्रिंसिपल : चांद है तो हुआ करे,
हर कोई सिर्फ़ दुआ करे।
इसका न कोई इलाज है,
स्कूल में बस आज है।

फौरन निकाला जाएगा,
कल से नहीं ये आएगा।

(चांद फिर से दीवार पर से उभरता है। उस स्पॉट लाइट में बच्चा भी खड़ा है। छायाएं फिर से चांद के पास आती हैं और चिल्लाती हैं। बच्चा सहमा हुआ सा रो रहा है।)

छायाएं : कोढ़ी. . .कोढ़ी. . .कोढ़ी!

नायक : भोले मासूम बचपन को कोसा,
उठ गया मेरा सबसे भरोसा।
दी न कोई दिलासा दवाई,
जानकर की गई जग हंसाई।
शब्द बाणों से ही मार डाला,
था धुंधलका धुंधलका उजाला।

कोरस : धुंधलका धुंधलका उजाला।

नायक : मां ने आंचल नहीं मुझपे ताना,
बाप ने छूने लायक न माना।
शोर उट्ठा भगाओ भगाओ,
रोग को मत गले से लगाओ।
मां ने घर में करी ये मुनादी,
कैसे होगी बहनिया की शादी।
सह न पाया मैं अपनों के ताने,
मुझको लगने लगे वो बेगाने।
जी सका और न मर ही सका मैं,
भागते भागते ही थका मैं।

(चन्द्रमारूपी स्पॉट लाइट मंच की दीवार पर इधर से उधर दौड़ रही है। छायाएं उसके पीछे पीछे जाती हैं और शोर करती हैं–)

छायाएं : भगाओ, भगाओ, कोढ़ी को भगाओ। समाज को बचाओ।
इस कोढ़ी को भगाओ।

नायक : घर ने स्कूल ने मुझको त्यागा,
अजनबी रास्तों पर मैं भागा।
फिर किसी गोद ने था संभाला,
कुछ धुंधलका धुंधलका उजाला।

कोरस : धुंधलका धुंधलका उजाला।

(दूसरी मां / डॉक्टर बच्चे को गोदी में लिए उसके हाथों के दाग़ देख रही है और दवाइयां दे रही है।)

नायक : चांद में दाग़ देखे थे मां ने,
दर्द सारे तसल्ली से जाने।
नाम बदला नई मां ने मेरा,
मिल गया मुझको मेरा बसेरा।
जख़्म मेरे कलेजे लगाए,
दाग़ चंदा के सारे छुटाए।
रास्ता ज़िन्दगी ने निकाला,
कुछ उजाला, उजाला, उजाला।

कोरस : उजाला, उजाला, उजाला।

नायक : जख़्म दुखते नहीं हैं ज़रा भी,
पर निशानों में है दर्द बाकी।
दर्द अब बन गया है कहानी,
छोटी मोटी बचीं कुछ निशानी।
एक ममता के आंचल ने पाला,
बस, उजाला, उजाला, उजाला।

कोरस : उजाला, उजाला, उजाला।

(छायाएं धीरे-धीरे नायक के इर्द-गिर्द आकर बैठ जाती हैं और नायक की बातें ध्यान से सुन रही हैं।)

नायक : ताने तिश्ने ये नफ़रत निराशा,
हर तरफ थी हिक़ारत की भाषा।
मुझको हर वक़्त लगने लगा था,
ज़िन्दगी में न कोई सगा था।
कौन मां बाप था, कौन भाई,
कोई बहना नहीं याद आई।
इन समाजों से चिढ़ने लगा मैं,
इन रिवाजों से चिढ़ने लगा मैं।
गायकी का लगाकर मुखौटा,
ताल सुर लय को लेकर मैं लौटा।
दास्तां मैं कहां तक बताऊं,
दर्द कितने सहे क्या गिनाऊं।
गीत बस एक मैं बन गया हूं,
तान आलाप सा तन गया हूं।
जी गया पी के विष का मैं प्याला,
हूं उजाला उजाला उजाला।
बस उजाला उजाला उजाला।

कोरस : उजाला उजाला उजाला।

(इंटरल्यूड के दौरान छायाएं एक एक करके नायक से गले मिलती हैं। नायक प्रेम से मिलता है लेकिन एक झटके से अलग होकर गाने लगता है।)

नायक : पर अभी भी उजाला कहां है,
सहमा सहमा अंधेरा यहां है।
ठहरा ठहरा अंधेरा यहां है।

गहरा गहरा अंधेरा यहां है।

(छायाएं नायक की ओर बढ़ते हुए कोरस में गाती हैं–)

कोरस : हां अभी भी अंधेरा यहां है।

(भारी संगीत के साथ नायक दूसरी धुन में आशा का गीत गाता है।)

नायक : ये रात का अंतिम दौर है
अंधेरा. . .
थोड़ी देर बस और है
किरन किरन किरन
उजाले की किरन हर ओर होगी
हो हो हो हो. . . .भोर होगी।

(ऑटोग्राफ़ लेने के लिए भीड़ मंच पर चढ़ आती है। कोई फूल दे रहा है, कोई मालाएं फेंक रहा है। सब नायक तक पहुंचकर उससे हाथ मिलाना चाहते हैं। नायक खुश है और बहन की ओर देख रहा है। विंग्ज़ में खड़ी बहन की आंखों में खुशी के आंसू हैं। पूरी भीड़ गा रही है।)

भीड़ : हो हो हो हो. . . .भोर होगी।

देश धन्या पंच कन्या

(आज़ादी की स्वर्ण-जयंती के संदर्भ में धूमधाम से समारोह मनाए जा रहे थे। इसी श्रृंखला में सुश्री सोनल मानसिंह को एक नृत्यनाटिका प्रस्तुत करने का प्रस्ताव मिला। उन्होंने इस नाटिका के लेखन का प्रस्ताव मेरे आगे रख दिया। यह भी बताया उन्होंने कि वे 'पंच कन्या' नाम की एक नृत्यनाटिका पहले कर चुकीं हैं, जिसमें पांच पौराणिक नारियों को विषय बनाया गया था। क्यों न हम आधुनिक भारत की निर्मात्री पंच कन्याओं को केन्द्र में रखकर सोचें। मैंने उनकी बात का समर्थन किया। अब सवाल था कि वे पांच कन्याएं कौन कौन सी होंगी। जब चार कन्याएं चुन ली गईं और पाचवीं की बारी आई तो सोनल जी बोलीं कि पांचवीं कन्या वे स्वयं हैं, अर्थात् इस देश की आम नारी। मुझे भी बात जम गई। विषय के निर्वाह को लेकर उनसे लंबी बातचीत हुई। मैंने कहा– बिलकुल ठीक, मैं जल्दी ही काग़ज़ पर उतार लाऊंगा ये पंच कन्याएं। उन्होंने देश-विदेश में अनेक स्थानों पर इस 'पंच कन्या' के प्रदर्शन किए। सोनल जी इन गीतों को अपने शास्त्रीय नृत्य-कौशल से बहुत ही संप्रेषणीय बना देती हैं।)

समय की नदी

समय की नदी, घाट इतिहास के,
सदी-दर-सदी पाठ इतिहास के।

ये धारा समय की सनातन बहे,
बहुत सी कथाएं पुरातन कहे।

कि कब मार्ग अपना बनाया स्वयम्,
कि कब यूं ही टकराने आया अहम्।

कई तो प्रवाहों के संग बह गए,
किनारे सुदृढ़ थे, मगर ढह गए।

सुनो, आईं कुछ अति विकट हस्तियां,
जिन्होंने उजड़ने न दीं बस्तियां।

बदल दी जिन्होंने, नदी की दिशा,
उजालों से भर दी, अंधेरी निशा।

समुज्ज्वल, धवल, दिव्य-धन्या जगीं,
सदी बीसवीं पंच-कन्या जगीं।

वतन की रतन, पांच नारी हैं ये,
मशालों की लौ सी पधारी हैं ये।

बड़ा देश से कुछ नहीं, कुछ न था,
सुहाई न इनको पराधीनता।

झुकी है नमन में ये पूरी सदी,
रुकी वन्दना में समय की नदी।

पंच कन्या भारती

पंच कन्या
देश धन्या
भूमि जन्या– भारती।

नदी तट पर
सदी वट पर
रखी घट पर– आरती।

गीत गाती
झिलमिलाती
दीप - बाती– बारती।

कष्ट ग़म को
सकल तम को
आप हमको– तारती।

अगन को भी
गगन को भी
वचन को भी– धारती।

पंच बाला
नृत्य शाला
पुष्प माला– डारती।

प्रथम प्रणामा : भीकाएजी कामा

पहली कन्या प्रथम प्रणामा
मैडम भीकाएजी कामा।

तिथि बाईस अगस्त महीना
सन उन्निस सौ सात ज्ञात है,
देश अनेक, हज़ारों प्रतिनिधि
स्टटगार्ट में हुए इकट्ठे
साम्राज्यवादी शोषण की
पीड़ाओं का सम्मेलन था।

महिला एक मंच पर आई
अतुलनीय विश्वास संजोए
गौर वर्ण हिरणी सी आंखें
भारतीय परिधान मनोहर
एक छोर पल्लू का सिर पर
जिस पर कुशल कशीदाकारी
विनयशीलता गौरवशाली
भव्य निराली आकर्षक छवि
अद्भुत अति बलशाली चुम्बक
खिंचे चले आए सब गोरे
भारतीय युवकों ने देखी
चिंगारी की तड़िल्लता सी।

संवेदन के बंधन खोले,
बोली जैसे धरती बोले–

मैं उस पीड़ित जन की वाणी
जो इस सारे भूमंडल की
आबादी का पंचम हिस्सा
किस्सा अत्याचारों का है
जकड़ा हुआ ग़ुलामी में वो
करते हैं गोरे मनमानी
मैं अपील करती हूं तुमसे
आओ साथियो हाथ बढ़ाओ
पीड़ित जन को मुक्त कराओ
मैं अपील करती हूं सबसे
मानवता के जो रखवाले
देखें मेरे महादेश को
कैसा ज़ंजीरों में जकड़ा
आओ साथियो हाथ बढ़ाओ
पीड़ित जन को मुक्त कराओ
सिसक रही भारत की माटी
परिपाटी यह देख दमन की
चलो साथियो इसको रोको
निर्बल के संबल बन जाओ
मैं अपील करती हूं तुमसे
अत्याचारी पर तन जाओ
टकराओ इन चट्टानों से
चाहे लोहू से सन जाओ
मैं अपील करती हूं तुमसे
आओ साथियो हाथ बढ़ाओ।

सुनकर इस ओजस्वी स्वर की
मंत्र-मुग्ध कर देने वाली
जोशीली संवेदन सरिता
गूंज उठीं घनघोर तालियां
बिना एक पल को भी खोए
देख समर्थन तब झटके से
आंचल के नीचे से उसने
बड़े जतन से छिपा रखा जो
बड़े जतन से गया बनाया
झंडा एक निकाला बाहर
हरा केसरी लाल तिरंगा
कर ऊंचा करके फहराया
और कहा ऊंची वाणी में–
प्रकट हो चुका है ये देखो
पीड़ित जन की आज़ादी का
नया प्रतीक तिरंगा परचम।
भारत के शहीद युवकों ने
नव आलोकित ललनाओं ने
लहू बहाकर इसको अपनी
पहले से ही स्वीकृति दी है
होकर खड़े आप सब इसके
अभिवादन में शीष झुकाएं
ये भारत का पहला झंडा
प्रिय भारत का पहला झंडा
जगह जगह इसको फहराएं।

मेरे साथ गाएं– वंदेमातरम्!
एक देव, एक देश, एक भाषा,

एक जाति, एक जीव, एक आशा।

भारतीय युवकों ने घेरा,
झंडे को चूमा सहलाया
रोमांचित हो गईं दिशाएं
झन्नाईं अस्तित्व तंत्रियां
हृदय बना ज्वालाओं का घर
जिसके ऊपर तना तिरंगा
पहला-पहला बना तिरंगा।
ये माना इसके रंगों को
आगे चल थोड़ा बदला है
पर यह भी महत्वशाली है
ये पहला झंडा है अपना
सपना है यह स्वतंत्रता का
यही तिरंगे का उद्गम है
परिचय है अपने परचम का

इसे नमन है, इसे नमन है।
धन्य इसे फहराने वाली
धन्य क्रांति जननी अभिरामा
मैडम भीकाएजी कामा,
पहली कन्या, प्रथम प्रणामा।

आधा जीवन निर्वासित सा
बीता ग़ैरों की धरती पर
अपनी धरती अपनी माता
मगर हृदय में रही समाई
लम्बी अवधि विदेशों में ही
मातृभूमि की सेवा करते
पश्चिम के दूरस्थ क्षितिज पर
पूरब की लाली बिखराई।

थीं अदम्य साहस की प्रतिमा
क्रांतिकारिणी संघर्षों में
सदा अग्रणी सदा उपस्थित
पीड़ित के शोणित की वाणी
कल्याणी असहाय जनों की
कर्मशील सक्रिय अविरामा
मैडम भीकाएजी कामा
पहली कन्या, प्रथम प्रणामा।

दूसरी कन्या / कस्तूरबा गांधी

एक महक कस्तूरी–
कस्तूरबा,
नियम-धर्म की पूरी–
कस्तूरबा।

पति का सुख है मेरा सुख
दुख पति का दुख मेरा है,
जिधर बढ़े दो पग डग में
उसी तरफ़ रुख मेरा है।

थीं ऐसी दस्तूरी–
कस्तूरबा।।
एक महक कस्तूरी–
कस्तूरबा,
नियम-धर्म की पूरी–
कस्तूरबा।

कहते हैं वे मुझसे ही
सदा पूर्णता पाई है,
यह सच हो, हो या ना हो
लेकिन यही सचाई है–

मैं उन बिना अधूरी–
कस्तूरबा।
एक महक कस्तूरी–
कस्तूरबा,
नियम-धर्म की पूरी–
कस्तूरबा।

बापू की परछाईं हूं,
जीवन सीधा-सादा है,
राह कठिन तो क्या डरना
संग चलने का वादा है।

मंज़िल की मंज़ूरी–
कस्तूरबा,
एक महक कस्तूरी–
कस्तूरबा,
नियम-धर्म की पूरी–
कस्तूरबा।

त्याग था कस्तूरबा का

सतत बापू की प्रगति में
त्याग था कस्तूरबा का
निर्दयी इतिहास ने इसको
मगर पूरा न आंका।

एक बच्चे की तरह, बापू तो जिद्दी थे बड़े,
भावनाएं भूलकर रखते नियम-व्रत थे कड़े।
एक दिन बस कह दिया, मैं दृढ़-विचारी हो गया,
आज से जानें सभी, मैं ब्रह्मचारी हो गया।
धर्म-पत्नी से बिना पूछे, भला क्यों कह दिया,
और बा ने मौन धारण कर सभी कुछ सह लिया।

न्याय था बोलो कहां का?
त्याग था कस्तूरबा का
सतत बापू की प्रगति में
त्याग था कस्तूरबा का।
निर्दयी इतिहास ने इसको
मगर पूरा न आंका।

देश औ' पति के लिए अद्‌भुत समर्पण भावना,
बा हैं बापू-ग्रन्थ की, मज़बूत इक प्रस्तावना।
स्वयं बापू ने लिखी और बात ये सबसे कही,
यदि न बा होतीं, मैं इतना उठ नहीं पाता कभी।

सिर्फ़ मेरी ही नहीं, सबकी करी चिंता सदा,
देश हित वे धैर्य से सहती गईं हर आपदा।
नमन है इस राष्ट्र मां का,
नमन है इस राष्ट्र मां का।

सतत बापू की प्रगति में
त्याग था कस्तूरबा का
निर्दयी इतिहास ने इसको
मगर पूरा न आंका।

तीसरी कन्या : सरोजिनी नायडू

तीजी सुकन्या की तरह उपहार भारत को मिला,
वह रागिनी अनुरागिनी थी एक भारत कोकिला।

वह धर्मकामा, सत्यभामा, थीं सरोजिनि नायडू,
स्वातंत्र्य का इक हलफ़नामा थीं सरोजिनि नायडू।

आकाश के सीमान्त पर स्वच्छंदिनी जैसी मिलीं,
दुष्काल के इस ताल में वह कुमुदिनी जैसी खिलीं।

नन्हीं सुकोमल अँकुरिका, धरती से ज्यों रस-खाद ले,
झूमे ज़रा सी वायु में, किरणों से कुछ आल्हाद ले।

हो प्राण-पूर्णा चेतना से, जो लिया सादा लिया,
जितना लिया वो कम लिया, जितना दिया ज़्यादा दिया।

ग्यारह बरस अल्पायु में ही काव्य का झरना बहा,
इस कोकिला ने जो कहा कवितामयी होकर कहा।

निज कष्ट को बाहर न आने दूं कभी निश्चय किया,
औ' ज़िन्दगी को ताउमर ज़िन्दादिली से ही जिया।

भाषाएं इंग्लिश, फ्रैंच, बंगला, तेलुगू और फ़ारसी,
हिन्दी के सारे रूप दकनी, ब्रज, अवध कि बनारसी।

मर्मज्ञ थीं, सर्वज्ञ थीं, ज्ञाता रहीं साहित्य की,
सौंदर्यचेता साधना हर कला के लालित्य की।

था प्राण में प्रण, कल्पनाएं काल की सीमा परे,
तोड़ीं निरन्तर रूढ़ियां, तम तोम से भारत तरे।

वे चाहती थीं देश की नारी बढ़े, उत्थान हो,
दर्जा बराबर का मिले, उसका सदा सम्मान हो।

थीं संगठन कुशला, ध्वजा-धर्मी, प्रवीणा दक्षिका,
संघर्षरत बापू की थीं, हर क़दम पर संरक्षिका।

नारे लगाए, जेल भोगी, धमकियां कितनी मिलीं,
पर थीं अडिग संकल्पिनी, हरगिज़ न निश्चय से हिलीं।

जब गए कारावास तब बापू ने उनसे ये कहा–
मैं भाग्य भारत का तुम्हारे हाथ में हूं सौंपता।

निस्वार्थ सेवा देश की, परिवेश की, व्रतधारिणी,
मृदुभाषिणी, उल्लासिनी, परमार्थ मंगलकारिणी।

वह धर्मकामा सत्यभामा, थीं सरोजिनि नायडू,
स्वातंत्र्य का इक हलफ़नामा थीं सरोजिनि नायडू।

इंदिरा गांधी : चतुर्थ सुता

भारत मां की, बंकिम-बांकी
चतुर चतुर्थ सुता
थी जिसमें निज राष्ट्र-प्रेम की
अति गतिमय गुरुता
इंदिरा गांधी ने मनवा दी
भारत की प्रभुता
विश्व पटल पर ध्वज फहराया
थी ऐसी पटुता
भारत मां की, बंकिम-बांकी
चतुर चतुर्थ सुता।

नेहरू जी की छाया में
जिसने स्वदेश का पाठ पढ़ा,
बचपन से ही आज़ादी
के लिए निरंतर क़दम बढ़ा।

सकल देश की रही लाडली
प्रियदर्शिनी हमारी थी,
वह प्रधानमंत्री के पद पर
शोभित पहली नारी थी।

बैंक राष्ट्रीकृत करवाए
प्रिवी-पर्स को बंद किया,

वर्ष इकत्तर रण-कौशल मे
एक देश स्वच्छंद किया।

शासन और प्रशासन में कुछ
ग़लती तो हो जाती हैं,
निशा अंधेरी हो, राही की
सभी दिशा खो जाती हैं।

किन्तु समय के साथ
सवेरे नया उजाला आता है,
खोए हुए पथिक को आकर
नई राह दिखलाता है।

इसी तरह इंदिरा गांधी ने
देश चलाया बहुत समय,
इसके चौतरफ़ा विकास में
नहीं लगाया बहुत समय।

चाहा अपने देश-प्रेम की
ज्वाला सदा प्रचंड रहे,
यही कामना रही अंत तक
अपना देश अखंड रहे।

इंदिरा के उत्थान-पतन में
समय बड़ा गतिशील गया,
एक दैत्य आतंकवाद का
इस कन्या को लील गया।

नाम आज इंदिरा गांधी का
भारत में उजियारा है,
मिटी देश की बलिवेदी पर
इसको नमन हमारा है।

पांचवीं कन्या

ये मैं हूं पांचवीं कन्या!
यहां हूं पांचवीं कन्या!
वहां हूं पांचवीं कन्या!
हूं वैसे तो करोड़ों में
कहां हूं पांचवीं कन्या?

मैं सोनल हूं, मैं सलमा हूं
सुरैया हूं, मैं सरला हूं
मैं जमुना हूं, मैं जौली हूं
मैं रज़िया हूं, मैं मौली हूं
मैं चंदो हूं, मैं लाजो हूं
सुनीला हूं, प्रकाशो हूं
मैं कुंती हूं, मैं बानो हूं
मैं हुस्ना हूं, मैं ज्ञानो हूं
मैं राधा, रामप्यारी हूं
वतन की आम नारी हूं।

दुखों की क़ैद में लेकिन,
रहूंगी और कितने दिन?
न हूं मैं बंदिनी सुन लो,
न हूं अवलंबिनी सुन लो!
सृजन की शक्ति है मुझमें!
अतुल अनुरक्ति है मुझमें!

मैं बौद्धिक हूं, विलक्षण हूं!
त्वरा तत्पर प्रतिक्षण हूं!
मैं प्रतिभा हूं, मैं क्षमता हूं,
मैं जननी हूं, मैं ममता हूं!
सहारे की हथेली हूं,
कहा तुमने पहेली हूं!!

समझ पाए नहीं मुझको
सदा डरते रहे मुझसे,
इसी कारण दबाया
बस घृणा करते रहे मुझसे।
तुम्हारा मन मेरे मन को
नहीं हरगिज़ समझ पाया,
तुम्हारे वास्ते तो थी
महज़ स्पंदनी काया!

ये माना,
मैं प्रकृति की कल्पना के
काव्य की काया,
ये माना,
मैं मही पर
महत्तम महिमामयी
मनमोहिनी माया।

ये माना, रूप की
मैं चिलचिलाती धूप हूं लेकिन
धकेला कूप में तुमने
समझ कर एक सरमाया।

कठिन कर्तव्य कर्मों के गिना कर
हक़ कुतर डाले,
सहज उन्मुक्त मैं उड़ ही न पाऊं
पर कतर डाले।
मगर निज स्वार्थ में कुछ बेचते
तो चित्र मेरा छापते हो तुम,
मेंरे सौन्दर्य को सम्पत्ति अपनी मानकर
आपादमस्तक. . . .नख से शिख तक
लालची अपने लचीले
फ़ालतू फ़ीतों से मुझको नापते हो तुम,
मगर जब मन करे मेरा
कि मेरी दिव्यता देखें
सभी मुझको निहारें तब
ज़माने की निगाहों की दुहाई दे
किसी ठेले सजे ढेले सरीखा
ढांपते हो तुम!
लगे जब दुह लिया दुहरा
दहन कर देह मेरी
हाथ अपने तापते हो तुम!

तुम्हारी न्याय मीमांसा,
सदा देती रहीं झांसा
गढीं अनुकूल परिभाषा,
तुम्हारे सत्य की भाषा
तुम्हारे धर्म की भाषा
तुम्हारे न्याय की भाषा
अब आकर जान पाई हूं,
भरोसों से अघाई हूं!

अभी भी सोचते हो तुम
कि दासी हूं मैं अनुगत हूं,
बराबर से अधिक हूं पर
महज़ तेतीस प्रतिशत हूं!
यहां कुछ हैं जिन्हें
तेतीस भी कैसे गवारा हो,
कहा करते हैं प्रतिशत
बीस हो या सिर्फ़ बारा हो।
बताओ तो ज़रा ये दर्दे-सिर
क्यों व्यर्थ ढोते हो,
ये प्रतिशत में कृपाएं देने वाले
कौन होते हो?
उधर चेहरों पे हैं चेहरे,
इधर बस ज़ख्म हैं गहरे!
मैं क्रोधी हूं, विरोधी हूं
मैं चिंगारी प्रकट वन्या!
ये मैं हूं पांचवीं कन्या,
यहां हूं पांचवीं कन्या,
वहां हूं पांचवीं कन्या !!!

तुम्हारे सामने हूं
सामना करती हुई मैं हूं,
तुम्हें सद्‌बुद्धि आए
कामना करती हुई मैं हूं!

तुम्हारी चाकरी में
नींद पूरी भी न सोई मैं,
सवेरे द्वार तक अंगना बुहारा

फिर रसोई में
लगी, बच्चे पठाए पाठशाला
फिर टिफ़िन–सज्जा,
गई खुद काम पर
आई नहीं तुमको तनिक लज्जा
कि लौटी तो तुम्हें फिर चाहिए
सेवाव्रती दासी,
तुम्हें क्या बोध, जीवन शोध
भूखी है कि वो प्यासी!
किया है काम मैंने भी
लगी मैं भी रही दिनभर
वो घर की देहरी हो
या कि हो दूरस्थ का दफ़्तर।
कहीं मैं डॉक्टर हूं तो
कहीं करती वकालत हूं,
कहीं अध्यापिका या जज बनी
देती हिदायत हूं।
कहीं मैं सांसद हूं
हां, कहीं सोना परखती हूं,
मैं घर के बुजुर्गों का
बालकों का, ध्यान रखती हूं।
नहीं क्यों तुम मुझे
मेरा प्रतीक्षित मान देते हो,
कृपाएं ही लुटाते हो
फ़क़त अनुदान देते हो!

उतारो आवरण
छोड़ो गुरूरों की ये गुरुताई,

प्रभाएं देख लो मेरी
तजो ये व्यर्थ प्रभुताई।

मुझे समझो मुझे मानो
मुझे जी जान से जानो,
प्रखर हूं मैं प्रवीणा हूं
मेरी ताक़त को पहचानो।
तुम्हारा साथ दूंगी मैं
तुम्हारी सब क्रियाओं में,
अगर हो हाथ मेरा
आज निर्णय-प्रक्रियाओं में।

कहा है आज मैंने जो
बराबर ही कहूंगी मैं,
बराबर थी, बराबर हूं
बराबर ही रहूंगी मैं।
प्रकृति ने इस युगल छवि को
मनोहारी बनाया है,
बराबर शक्ति देकर
शीश भी अपना नवाया है।

मैं रचना हूं चराचर की
मैं नारी हूं बराबर की
अगर मैं रूठ जाऊंगी
न पाओगे कोई अन्या!
ये मैं हूं पांचवीं कन्या,
यहां हूं पांचवीं कन्या,
वहां हूं पांचवीं कन्या!!

आदर्श हिन्दू होटल

(पुराने दोस्त अधिकारपूर्वक आदेश देते हैं। बंधुवर रंजीत कपूर का 7 तारीख़ को फोन आया कि वे 14 को एक नाटक प्रस्तुत कर रहे हैं। मैंने उत्तर दिया ज़रूर आऊंगा देखने। उधर से कहा गया कि देखने को तो तब मिलेगा जब लिखा जा चुकेगा। मुझे हंसी आई। रंजीत निश्चिंत थे। फिर उन्होंने मक़सद बताया कि वे बिभूति भूषण बंद्योपाध्याय के उपन्यास पर आधारित नाटक करने जा रहे हैं– 'आदर्श हिन्दू होटल'। उन्होंने बताया कि स्क्रिप्ट लेखन अभी प्रक्रिया में है जिस पर वे लगे हुए हैं और सारे गीत मुझसे लिखवाना चाहते हैं। गीत स्क्रिप्ट से पहले चाहिए क्योंकि नृत्य के साथ गानों की रिहर्सल अगले दिन से ही प्रारंभ करनी है। बहरहाल, अगले दिन रंजीत डियर ने धुनें बताईं और कुछ घंटे के लिए एन॰एस॰डी॰ के एक गोदामनुमा कमरे में मुझे बंद कर दिया गया। बीच में बज्जू भाई दो बार चाय पूछ गए। सारे तो नहीं पर अधिकांश गीत उसी संध्या को सौंप दिए गए। पढ़ने से इनकी धुनों का अनुमान तो नहीं लग पाएगा लेकिन बंगाल की पृष्ठभूमि में रंजीत कपूर और पंडित राजेंद्र प्रसन्ना ने संगीत ऐसा लुभावना दिया कि अपने रचे गीत सुनकर खूब आनंद आया मुझे।)

रेल का आना

ओ ऽऽऽ छुक छुक करती,
करती रे ऽऽऽऽ करती,
ओ छुक छुक करती,
लो आई रे, वो आई रे,
दो पटरी धड़ धड़ करतम ना।
पटरी धड़ धड़ करतम ना,
ये लोहे की गंगा जमना।

पच्छिम से पूरब तक आई,
अंग्रेजों ने रेल चलाई,
और किसी में था दम ना।

लो आई रे, वो आई रे,
दो पटरी धड़ धड़ करतम ना।

इधर आओ, इधर आओ,
यहां खाओ, यहां खाओ।

ये है रानाघाट; यहां पे,
गाड़ी आएं जाएं रे,
होटल वाले, ठेले वाले,
पंछी खूब फंसाएं रे।

आमने ये है जदू का होटल,
सामने वो है बेचू का होटल,
इन दोनों में कोई कम ना।

लो आई रे, वो आई रे,
दो पटरी धड़ धड़ करतम ना।

बचके बचके, हटके हटके,
भोला भाला ग्राहक भटके,
बेचू के होटल में हजारी
उम्दा चीज़ पकाए रे,
जो भी खाए फिर फिर आए
उधर जदू टिपियाए रे।

और दिखाए ऐसी चुस्ती,
छीना झपटी, धींगा मुश्ती,
बड़ा ई कठिन इसका थमना।

लो आई रे, वो आई रे,
दो पटरी धड़ धड़ करतम ना।

ओ ऽऽऽ छुक छुक करती,
करती रे ऽऽऽऽ करती,
ओ छुक छुक करती,
लो आई रे, वो आई रे,
दो पटरी धड़ धड़ करतम ना।
पटरी धड़ धड़ करतम ना,
ये लोहे की गंगा जमना।

हजारी का स्वप्न-1

सपने पूरन करो तमाम,
प्यारे किशन कन्हैया,
तुमको मेरे सौ परनाम,
प्यारे किशन कन्हैया,
कर दो सारे पूरन काम,
प्यारे किशन कन्हैया।

आगे पीछे नौकर चाकर
होटल अपना खुलवाऊं रे,
खरचूं पैसा, मन के जैसा
मन के जैसा सजवाऊं रे।

मैं नर नाहर, अंदर बाहर
मालिक बाबू कहलाऊं रे,
सब्जी-मच्छी, अच्छी अच्छी
स्वयं खरीदूं, ख़ुद लाऊं रे।

काटूं छीलूं , पीसूं घोटूं
इन हाथों से पकवाऊं रे,
उंगली चाटें, पत्तल चाटें
ऐसे व्यंजन चखवाऊं रे।

शाकाहारी, मांसाहारी
दो दो पट्टी लगवाऊं रे,
तकिया गादी, चौकी चांदी
मैं गल्ले पे रखवाऊं रे।

आगे पीछे नौकर चाकर
भारी भीड़ भड़क्का कहे– देख देख देख।
'ये हजारी ठाकुर का आदर्श हिन्दू होटल है।'

सपने पूरन करो तमाम,
प्यारे किशन कन्हैया,
तुमको मेरे सौ परनाम,
प्यारे किशन कन्हैया,
कर दो सारे पूरन काम,
प्यारे किशन कन्हैया।

बंधु ऽऽऽ येई ऽऽ
अपने ऽऽ सपने ऽऽ
भूल ना ऽऽ मेरे कन्हाई ऽऽ
करूं ना ऽऽ ओछी कमाई ऽऽ।

चूर्णी नदी के तट पर व्याकुल हजारी

भूल ना ऽऽ कसूर ना ऽऽ
सुने क्यों ऽऽ हजूर ना ऽऽ
बंधू ऽऽऽ

सपने पूरन करो तमाम,
प्यारे किशन कन्हैया,
तुमको मेरे सौ परनाम,
प्यारे किशन कन्हैया,
कर दो सारे पूरन काम,
प्यारे किशन कन्हैया।

पैसा होता, हाथ में मेरे
रकम कहीं से मिल जाए रे।
होटल होता, देता न्योता
कुसुम कली सी खिल जाए रे।

मेरी अरजी, तेरी मरजी
झोली खुद ही भर जाए रे,
पापिन पद्मा, झेल के सद्मा
कुढ़ कुढ़ खुद ही मर जाए रे।

पैसा होता हाथ में मेरे
हर कोई हक्का-बक्का

कहता- देख देख देख।
'ये हजारी ठाकुर,
बेटी का कितना ध्यान रखता है।'

सपने पूरन करो तमाम,
प्यारे किशन कन्हैया,
तुमको मेरे सौ परनाम,
प्यारे किशन कन्हैया,
कर दो सारे पूरन काम,
प्यारे किशन कन्हैया।

बंधु ऽऽऽ येई ऽऽ
अपने ऽऽ सपने ऽऽ
भूल ना ऽऽ मेरे कन्हाई ऽऽ
करूं ना ऽऽ ओछी कमाई ऽऽ।

नरेन्द्र-टेंपी की जोड़ी बन जाय

चांद भी ऽऽ भरपूर ना ऽऽ
दिखा ऐसा ऽऽ नूर ना ऽऽ
बंधू ऽऽऽ

सपने पूरन करो तमाम,
प्यारे किशन कन्हैया,
तुमको मेरे सौ परनाम,
प्यारे किशन कन्हैया,
कर दो सारे पूरन काम,
प्यारे किशन कन्हैया।

इतना प्यारा, इतना सुंदर
वर कन्या को मिल जाए रे,
दीपक-बाती जैसी जोड़ी
उजियारे सी खिल जाए रे।

ऐसा हो तो, ठाकुर की तो
पीड़ा सारी हर जाए रे,
तेरा बंदा, सौंप के धंधा
भव सागर से तर जाए रे।

इतना प्यारा, इतना सुंदर,
हर कोई भौंचक्का

कहे– देख देख देख।
'ये हजारी ठाकुर का कितना सुंदर दामाद है।'

सपने पूरन करो तमाम,
प्यारे किशन कन्हैया,
तुमको मेरे सौ परनाम,
प्यारे किशन कन्हैया,
कर दो मेरे पूरन काम,
प्यारे किशन कन्हैया।

बंधु ऽऽऽ येई ऽऽ
अपने ऽऽ सपने ऽऽ
भूल ना ऽऽ मेरे कन्हाई ऽऽ
करूं ना ऽऽ ओछी कमाई ऽऽ।

प्रेम की पहली फुहार

रिम झिम पानी ये बरस रहा ना,
लेकिन पप्पिहा प्यासा,
हाय रे तरस रहा ना।
कुछ तो करौ ऽऽऽ रे मेघवा!
बेबस पप्पिहा प्यासा,
हाय रे तरस रहा ना,
कोई तो दे दिलासा,
हाय रे तरस रहा ना।
रिम झिम रिम झिम. . . .

प्यास भी प्यासी सौ जन्मों की
ऐसे बुझे ना,
एक ही बूंद है काफ़ी जुल्मी
ख़बर ही तुझे ना!

कुछ तो करौ ऽऽऽ रे मेघवा!!
बेबस पप्पिहा प्यासा,
हाय रे तरस रहा ना,
कोई तो दे दिलासा,
हाय रे तरस रहा ना।
रिम झिम पानी ये बरस रहा ना।
रिम झिम रिम झिम. . . .

बूंद जब आई दौड़ी-दौड़ी
पाखी बोले ना,
कैसे समाए पीउ के जी में
चंचू खोले ना !

कुछ तो करौ ऽऽऽ रे मेघवा!
बेबस पप्पिहा प्यासा,
हाय रे तरस रहा ना,
कोई तो दे दिलासा,
हाय रे तरस रहा ना।
रिम झिम पानी ये बरस रहा ना।
रिम झिम रिम झिम. . . .

हजारी की गिरफ़्तारी

सुनो सुनो ऽऽ
पीड़ा ए हमा ऽऽ र,
कोई ना जाने रे!
कोई करे जी,
कोई ऽऽ भरे जी ऽऽ,
हाए रे ऽऽ जमाने रे!

हारा थका लौटा पंछी
डाल गे ना कूदे ऽऽ
ऐसा भला कैसे होगा
आंख भी ना मूंदे!
आंख भी ना मूंदे!!

ओ मेरे प्रभू रे कोई तो होगा
जो मेरे सच को बताय!
ओ मेरे प्रभू रे कर दे उजाला
सांच ही मुझको बचाय।

सुनो सुनो ऽऽ
पीड़ा ए हमा ऽऽ र,
कोई ना जाने रे!
कोई करे जी,
कोई ऽऽ भरे जी ऽऽ,
हाए रे ऽऽ जमाने रे!

अतसी की शादी

ढोल नफ़ीरी बाजे रे,
बन्नो रानी साजे रे।
झिलमिल दमकें मोती के झाले ऽऽऽ
बन्ने राजा आने ही वाले।

बाजूबंद, जरी गोटा, साड़ी है तांतेर,
जरी गोटा, साड़ी है तांतेर।
बन्नो रानी, मन्नो रानी, करो नहीं देर,
बन्ने राजा आने ही वाले।

ढोल नफ़ीरी बाजे रे,
बन्नो रानी साजे रे।
झिलमिल दमकें मोती के झाले ऽऽऽ
बन्ने राजा आने ही वाले।
पूजा थाली, हल्दी रोली, दीया बाती फेर,
हल्दी रोली, दीया बाती फेर,
बन्नो रानी, मन्नो रानी, करो नहीं देर,
बन्ने राजा आने ही वाले।

ढोल नफ़ीरी बाजे रे,
बन्नो रानी साजे रे।
झिलमिल दमकें मोती के झाले ऽऽऽ
बन्ने राजा आने ही वाले।

चिड़िया की उड़ान

चिड़िया तू जो मगन,
धरा मगन, गगन मगन,
फैला ले पंख ज़रा,
उड़ तो सही, बोली पवन।
अब जब हौसले से,
घोंसले से आई निकल,
चल बड़ी दूर,
बहुत दूर, जहां तेरे सजन।

वृक्ष की डाल दिखें
जंगल-ताल दिखें
खेतों में झूम रही
धान की बाल दिखें
गांव-देहात दिखें,
रात दिखें, प्रात दिखे,
खुल कर घूम यहां,
यहां नहीं, घर की घुटन।

राह से राह जुड़ी
पहली ही बार उड़ी
भूल गई गैल-गली
जाने किस ओर मुड़ी
मुड़ गई जाने किधर,

गई जिधर, देखा उधर,
देखा वहां खोल नयन,
सुमन-सुमन, खिलता चमन।

कोई पहचान नहीं
पथ का गुमान नहीं
मील के नहीं पत्थर
पांव के निशान नहीं
ना कोई चिंता फिकर,
डगर डगर, जगर मगर,
पंख ले जाएं उसे,
बिना किए, कोई जतन।

चिड़िया तू जो मगन,
धरा मगन, गगन मगन,
फैला ले पंख ज़रा,
उड़ तो सही, बोली पवन।
अब जब हौसले से,
घोंसले से आई निकल,
चल बड़ी दूर,
बहुत दूर, जहां तेरे सजन।

विधवा अतसी का आना

ओ, तैरेंगे डूबेंगे,
राम जाने ना ऽऽऽऽऽऽऽऽ
बीच समंदर में नैया खेना।

ऊंची लहरें,
बढ़ती ही आएं
धीरज न खोना ऽऽऽ
हिम्मत छोड़ नहीं देना।

सुख-दुख आते जाते ही रहते,
कोई हंसे कोई रोए।
गाथा का तो अंत सुनिश्चित है,
जीवन का अंत न होता।

तू जमकर जीवन जीना,
रे जमकर जीवन जीना!

ऊंची लहरें,
बढ़ती ही आएं
धीरज ना खोना ऽऽऽ
हिम्मत छोड़ ना देना।

सुख दुख आते जाते ही रहते,
इन पर ध्यान नहीं देना।
पीड़ाओं में ख़ुशियों से तू,
मुखड़ा मोड़ न लेना।
ओ, तैरेंगे डूबेंगे,
राम जाने ना ऽऽऽ
बीच समंदर में नैया खेना।

जीवन धागा, पकड़े ही रहना
होगा जो होना ऽऽऽ
धागा तोड़ नहीं देना।
ऊंची लहरें, बढ़ती ही आएं
धीरज न खोना ऽऽऽ
हिम्मत छोड़ नहीं देना।

ज्योति-पुष्प

(कथक नृत्याचार्य रवि जैन और श्रीमती नलिनी जैन एक लंबे अरसे से दूरदर्शन के लिए संगीत नाटिकाएं करते आ रहे हैं। उन्होंने अचानक एक प्रस्ताव चुनौती की तरह रख दिया कि दीपावली के लिए कमलिनी जी सी॰पी॰सी॰ की ओर से एक स्पेशल कार्यक्रम बनवाना चाहती हैं जिसमें दीपावली और रामराज्य की महत्ता बतानी है। मैंने कहा कि रामराज्य को यदि प्रजा के दृष्टिकोण से देखें तो मैं स्क्रिप्ट लिखने का प्रयास कर सकता हूं। वे स्वयं भी ऐसा ही चाहते थे, सो बन गई बात।)

(राजभवन के आगे कुछ प्रजाजन राम के राज्याभिषेक के समय उल्लसित होकर गा रहे हैं।)

आज जो कुछ भी बोलेंगे
मुस्का के बोलेंगे
बोलेंगे बोलेंगे हम गाके।
साध पूरी हुई
आस पूरी हुई
बर्ष चौदह बिताए हैं तब जाके।
रामा हो रामा।

जिसने सहे कष्ट जंगल में भाई
जानेगा सचमुच वो पीड़ा पराई
राजा बने राम, हम सब मगन हैं
वे अब करेंगे प्रजा की भलाई।
राम हो रामा,
रामा हो रामा
बीत जाए निशा
जगमगाएं दिशा
चंदा सूरज सितारे गगन टांके।
रामा हो रामा।

सिंहासन के भी सुनो भाग जागे,
रघुवर बढ़ाएंगे हम सबको आगे।
राजा-प्रजा में समन्वय रहे तो
शोषण का अँधियारा घबरा के भागे।

रामा हो रामा,
रामा हो रामा
द्वार तोरण टंगे
भव्य सब कुछ लगे
सज गए हैं अयोध्या के सब नाके।
रामा हो रामा,
रामा हो रामा।

(अचानक समय के दो प्रहरी प्रकट होते हैं।)

प्रहरी-1 : देखा क्या,
तुमने देखा क्या?
कितने सकुचाए सकुचाए से
श्री रघुवीर थे।
मुकुट को पहनते समय
कितने अधीर थे।
देखा क्या
तुमने देखा क्या?

पद की प्रसन्नता या
दर्प नृप होने का
ललक या उमंग कोई
कुछ भी तो दिखी नहीं
कितने गम्भीर थे
तुमने देखा क्या?

प्रहरी-2 : वे थे गम्भीर
ये तो ठीक कहा तुमने
पर थे अधीर,

नहीं नहीं
मैं तो नहीं मानता।
सौम्य मुखमंडल में
निबलों की पीड़ा थी
दीनहीन असहायों
दलितों को दर्द था।
पद का मद सोचो तो
क्यों होता आनन पर
सिंहासन उनके हित
वैभव का भोग नहीं
लोग रहें सुखी सभी
सबका कल्याण हो
था ऐसा भाव मित्र
इतना मैं जानता।
थे अधीर
नहीं नहीं, मैं तो नहीं मानता।

प्रहरी-1 : बात को पकड़ते हो
व्यर्थ ही अकड़ते हो
मेरा भी आशय तो
तुमसे कुछ भिन्न नहीं
पद पर बिराजे जब
क्या थे कुछ खिन्न नहीं
बोलो तो
मित्र बोलो तो।

प्रहरी-2 : मिथ्या मूल्यांकन में बहो नहीं
दायित्व बोध था

कुर्तव्य शोध था
खिन्नता उसे तो तुम कहो नहीं।
मिथ्या मूल्यांकन में बहो नहीं।

राघव की महिमा को
रामराज गरिमा को
समझो अंतस्थल से
अपने मन निर्मल से
व्यर्थ के प्रवंचन में रहो नहीं,
मिथ्या मूल्यांकन में बहो नहीं।

प्रहरी-1 : मेरे आलोचन पर
मत जाओ
क्या होगा राम राज्य समझाओ।

प्रहरी-2 : रामराज्य, आशय कल्याण है
निर्बलतम मानव का त्राण है।
मुख्य रामराज्य नीति
जन जन की प्रीति होगी
लोक संरक्षण हित
सत का आभास होगा
परमानंद प्राप्ति हेतु
मंगल उद्भास होगा
प्रेम परम तत्व होगा
सब में समत्व होगा
दैहिक या दैविक या
भौतिक संतापों की
औषधि-अचूक रामबाण है

रामराज्य, आशय कल्याण है।
प्रमुदित अपनत्व होगा
आस्था का घनत्व होगा
वैभव विशाल होगा
मेघ वर्षा करेंगे समय पर
और सदा ही सुकाल होगा।
दिशाएं सब मस्त होगी
जनपद ये स्वस्थ होगा
उपद्रव नहीं ही होगा
और न आतंक होगा
कोई नहीं रंक होगा
सुख ही सुख होगा
निश्शंक होगा।
प्रेम युग धर्म मूल प्राण है
रामराज्य, आशय कल्याण है।

प्रहरी-1 : चलो चलें
जन-मन की ख़ुशियों में
घुलें-मिलें।

व्यंजन-गीत

पतली से चपटी बनी
फिर वो हो गई गोल
गर्म कढ़ाई में पड़ी
बदल गया भूगोल
कि पूरी गोल मटोला,
भजो भई बम बम भोला।

मिल जुलकर परिवार में
व्यंजन बने समस्त
बरफ़ी पेड़ा इमरती
गुंजिया सुन्दर स्वस्थ
महकने लगी रसोई,
द्वार पर आया कोई।

लक्ष्मी जी के संग में
लंबोदर भगवान
भोग मोदकों का लगा
सजे ख़ूब पकवान
रे खाओ गप्पमगप्पा,
मुदित हैं गणपति बप्पा।
आलू केला संतरा
खीरा और लुकाट

काटा इसमें पपीता
मेरी खाओ चाट
प्यार से मैंने डाले,
चकाचक मिर्च मसाले।

खा चाची भरपेट खा
क्यों इतनी इतराय
पतली सी काया तेरी
हमको तनिक न भाय
चची तू हो जा चौड़ी,
ले गरमागरम कचौड़ी।

अल्पना गीत

फूलों की पंखुड़ी गुलाल
रोली का रंग लाल लाल
रंगोली सजानी है
दिवाली मनानी है। आओ री।

मंगलमय सतिया तो
आंख मूंद रख दे
सतिए के आसपास
चार बूंद रख दे
होगी ये अल्पना निहाल।
रंगोली सजानी है
दिवाली मनानी है। आओ री।

मन से मन जुड़ा
जुड़ी रेखा से रेखा
अल्पना कराती हैं
हम सब में एका
भर ला फिर रंगों का थाल।
रंगोली सजानी है
दिवाली मनानी है। आओ री।

आकृतियां मनहर हैं
खिंची फूल पत्ती
मध्य में सुवासित है
एक धूप-बत्ती
रचना ये बन गई रसाल।
रंगोली सजानी है
दिवाली मनानी है। आओ री।

पूरित हो भीतर तक
श्रद्धा का भाव
कुछ गढ़ने रचने का
मन में हो चाव
चित्र बने सुन्दर तत्काल।
रंगोली सजानी है
दिवाली मनानी है। आओ री।

डगर डगर जगर मगर

कालरात्रि बीत गई कालिका
सज गईं असंख्य दीप मालिका
डगर डगर जगर मगर
काहे की अगर मगर।

हर्षित मन वृद्ध जन प्रसन्न हैं
मुदित हैं समस्त बाल बालिका।
डगर डगर.......

मन हर्षा ये प्रकाश की वर्षा
कल्याणक मंगल संचालिका।
डगर डगर.......

ज्योति-पुष्प खिले गुच्छ बन गए
चक्रवान है सुरश्मि पालिका।
डगर डगर.......

धूम्र भी प्रकाशवान हो उठा
दीप्तिमान हाथों में शालिका।
डगर डगर.......

झोंपड़ियां भी उतनी दिव्य हैं
जितनी खुश दिख रहीं अटालिका।
डगर डगर ....

छन छन कर आ रहा प्रकाश है
बिना खुले खुली लगे जालिका।
डगर डगर ....

सुन लो रे भाई चित लाय

राम जी की महिमा को
राम राज गरिमा को
सुन लो रे भाई चित लाय

सुख होगा मनवा में, सुख होगा तनवा में,
धनवा बढ़ाए सुख, ज्योति हो नयनवा में।
दुख तो नजर नहीं आय।
राम जी की महिमा को
राम राज गरिमा को
सुन लो रे भाई चित लाय

कुल न कलंक होगा, कोई नहीं रंक होगा,
होगी न अशांति कहीं, कोई न आतंक होगा।
कोई नहीं किसी को सताय।
राम जी की महिमा को
राम राज गरिमा को
सुन लो रे भाई चित लाय

भय हो न भीति होगी, कोई न अनीति होगी,
वैर भाव जागे नहीं, जन जन प्रीति होगी।
सबको मिलेगा भाई न्याय।
राम जी की महिमा को

राम राज गरिमा को
सुन लो रे भाई चित लाय।

सब में समत्व होगा, प्रेम सुख तत्व होगा,
ईर्ष्या रहेगी नहीं, ऐसा अपनत्व होगा।
हिया ले हिलोरें हर्षाय।
राम जी की महिमा को
राम राज़ गरिमा को
सुन लो रे भाई चित लाय।

दिशा दिशा मस्त होगी, प्रजा सारी स्वस्थ होगी,
निबलों के मंगल में, राजगद्दी व्यस्त होगी।
खुश होंगे सारे समुदाय।
राम जी की महिमा को
राम राज गरिमा को
सुन लो रे भाई चित लाय।

मेघ जल दाता होंगे, अन्न के प्रदाता होंगे,
धरती दयालू होगी, कृपालू विधाता होंगे।
खुशहाली चहुंदिश छाय।
राम जी की महिमा को
राम राज गरिमा को
सुन लो रे भाई चित लाय।

मस्ती का क्या मोल

(दीपावली के समान होली के अवसर पर भी श्री रवि जैन ने लिखने का काम सौंप दिया। दो घंटे की अवधि के रंगारंग कार्यक्रमों का एक गुलदस्ता 'गारन रंग्यौ गुलाल' नाम से तैयार कर दिया गया। गुलदस्ते के फूलों की एक-दो पत्तियां इन गीतों के रूप में अचानक मिली हैं तो पाया कि ये अभी तक सूखी नहीं हैं। इन पर होली के रंगों का गीलापन बरक़रार है।)

होली मांगै कंडा

होली मांगै कंडा करेंगे किल्लोल
मंहगी दुनिया सारी, पर मस्ती का क्या मोल
मामा जल्दी अंटी खोल।

दिल का कांटा निकालेंगे कांटे से,
लंबी दुलहनिया, दूल्हे जी नाटे से
टोपी चहिए तो काहे की टालमटोल
मामा जल्दी अंटी खोल।

मारा दूजे का रुपिया धड़ल्ले से
ताऊ डर गया बच्चों के हल्ले से
दे दे चंदा नहीं तो खुल जाएगी पोल
ताऊ जल्दी अंटी खोल।

कंडे लकड़ी की करनी है तइयारी
रंग चहिएं, चलेगी नहीं रंगदारी
खामखां ऐसे भैया न जेबें टटोल
अपनी असली अंटी खोल।

मिलनी

दिलन की मिलनी
मिलन की मिलनी
कांटे सी हर बात निकलनी
मिलनी कर लेओ जी।

बिना बात के बादर फारें
काहे इक दूजे कूं मारें
प्यारी होरी के मौके पै
दिल में जितनी परी दरारें
प्यार के धागे ते सब सिलनी
मिलनी कर लेओ जी।

पुष्प को तीर तुम्हारे तानौ
होरी है भई बुरौ न मानौ
भूल-चूक भई लैनी दैनी
छोर के साब हिसाब पुरानौ
नाच पै देह चहै हिलनी
मिलनी कर लेओ जी।

'खिलती कलियां'

(प्रौढ़-शिक्षा निदेशालय, साक्षरता मिशन कार्यक्रम के अंतर्गत नवसाक्षरों के लिए प्राथमिक पुस्तकों का निर्माण करा रहा था। कुछ गीत लिखने के लिए मुझसे कहा गया। साक्षरता और महिला कल्याण के लिए लिखना मुझे सदैव अच्छा लगता रहा है। पिछले दिनों उनमें से कुछ गीत रफ़ काग़ज़ों में मिल गए। 'खिलती कलियां' प्रवेशिका पुस्तक माला प्रकाशित हो चुकी है, पर वह मेरे पास नहीं है। जो गीत मेरे पास हैं वे आपके सामने प्रस्तुत हैं।)

मैं तो पढ़-लिख गई सहेली

मैं तो पढ़-लिख गई सहेली
पढ़-लिख कर अब नई चेतना पाई है अलबेली
हाथ की रेखा बदलीं मैंने, देखो जरा हथेली
खेल न पाई बचपन में, झिड़की तानों से खेली
समझ न पाए नारी का मन, बस कह दिया पहेली
हमको कभी न मानुस समझा, समझा गुड़ की भेली
चीज़ सजाने की कहकर, दमका ली महल हवेली
सदा सताया निबल बताया, कितनी आफत झेली
बचपन से ही बोझ कहा, औ' हर आज़ादी ले ली
अब मेरे घर पढ़ें जमीला फूलो और चमेली
दुनिया भर की खबरें बांचैं, समझें सभी पहेली
अब न दबेंगी, अब न सहेंगी, अब मत समझ अकेली
ओ भारत के नए ज़माने, तेरी नारि नवेली।।
मैं तो पढ़-लिख गई सहेली।।

गुनगुना

तुन तुन तुन तुन तुनतुना,
छुन छुन छुन छुन छुनछुना,
घर में नया मेहमान आएगा,
उसकी ख़ातिर गुनगुना।

कुछ सकुचा कर साजन बोला,
ये ले सलाई, ऊन का गोला,
जरा से मोजे, जरा सा झोला,
अरी अभी से बुन बुना।

जरा सा कुरता, जरा सी फरिया,
जरा सी चादर, जरा सी दरिया,
छोरा होवे या छोकरिया,
बजे हमारा झुनझुना।

गहरी नींद, चैन की रातें,
फिर अपनेपन की बरसातें,
कथा ·कहानी, ऊंची बातें,
ओ साजन से सुन सुना।

हाथी लाऊं, घोड़ा लाऊं,
छुक छुक छुक छुक रेल चलाऊं,
जो भी आए खुश हो जाऊं,
मुनिया चाहे मुनमुना।

लली आई

गाओ गाओ बधाई लली आई
घर की बगिया में कोमल कली आई।

फूल बन जाएगी, भूल करनी नहीं
दूध मां का पिए, ऊपरी ही नहीं
जच्चा और बच्चा दोनों को अच्छा है ये
और कोई खुराक इससे अच्छी नहीं
ये नसीहत सदा से चली आई
गाओ गाओ बधाई, लली आई।

फर्क करना नहीं, हो लली या लला
बेवजह इस तरह, सास जी ना जला
बांट सबको बताशे औ' गा संग में
तू भी लड़की थी, क्यों भूलती है भला
जैसे मिसरी की झिलमिल डली आई
गाओ गाओ बधाई लली आई।

टिटहरी और गिलहरी

कहे टिटहरी– सखी गिलहरी, पक्की करले तैयारी,
डाली डाली फुदक रही क्यों, पांव हुए तेरे भारी?

ऊंचे चढ़कर नीचे आती, भारी बोझा लाती क्यों,
इस डाली से उस डाली तक, चक्कर और लगाती क्यों?

कहे गिलहरी– क्या बतलाऊं, मिला गिलहरा नाकारा,
दिन भर घर में डटकर सोता, कैसे पाऊं छुटकारा?

हंसी टिटहरी– ओ हमजोली, उसे जगाकर बाहर ला,
सारी बातें समझाऊंगी, फिर क्यों सोता रहे भला?

छुटकारे की बात छोड़, वो जेंटिलमैन कहाएगा,
पीछे पीछे भगा करेगा, जब छुटका आ जाएगा।

बसा घर बार

शादी हुई बसा घर बार
जीवन में आ गई बहार
सुख से रहे सदा परिवार
गाओ गीत गीत गीत
मन के गीत गीत गीत।

अब जी तेरा मेरा कैसा
अपनी मेहनत अपना पैसा
नाता दीपक बाती जैसा
दिल के मीत मीत मीत
गाओ गीत गीत गीत।

हम तुम हिलमिल काम करेंगे
क़दम मिलाकर साथ चलेंगे
तब हम सारी दुनिया लेंगे
मिलकर जीत जीत जीत
गाओ गीत गीत गीत।

बच्चा हुआ बधाई

बच्चा हुआ बधाई !
बच्चा हुआ बधाई !
ताऊ को ताई को, चाचा को चाची को
फूफा को फूफी को, मौसा को मौसी को
जल्द खिलाओ मिठाई
बच्चा हुआ बधाई !

पर बच्चे को क्या खिलाओगी ?
हां बच्चे को क्या पिलाओगी ?
ये भी सुन लो बहना
नए ज़माने के नए डाक्टरों का है ऐसा कहना
बच्चे के जनम के दो-तीन घंटे बाद
पीला-पीला दूध मां को आता है जनाब
गाढ़ा-गाढ़ा दूध ये कोलोस्ट्रम कहलाए
मां बच्चे को अपना ऐसा दूध ज़रूर पिलाए
क्योंकि पौष्टिक है कोलोस्ट्रम, ताज़ा रखता है हरदम
बच्चे को स्वादिष्ट लगे और तुरंत-तुरंत हो जाए हजम
जीवन भर को स्वस्थ रखे ये, ऐसी एक दवाई
बच्चा हुआ बधाई !
बच्चा हुआ बधाई !

फिर आता है दूध मां को, बच्चे का आहार
आंख मूंद कर पीए, मां-बच्चे में बढ़ता प्यार
आंचल के साए में बंध जाएं ममता के धागे
चिंताएं अब दूर, रोग सब डर के मारे भागे
यही दूध तो अमृत है, बच्चे की हिफ़ाज़त है
सभी ज़रूरी चीज़े इसमें, बच्चा सही-सलामत है।
स्तन धोकर दूध पिलाना, रखना ख़ूब सफाई
बच्चा हुआ बधाई !
बच्चा हुआ बधाई !

बच्चा चुस्त-दुरुस्त, रहोगी तुम भी स्वस्थ सहेली
चर्बी घट जाने से काया, पहले-सी अलबेली
सुगठित तन, सुन्दर स्तन, मन ममता से हर्षाए
बूध गिलाती रहो, न अगला बच्चा आने पाए।
थोड़ा ज़्यादा खाना खाओ, दूध भी ज़्यादा आता है
अगर ज़रूरत हो तो, मां का दूध बदल भी जाता है।
ममता का अभियान यही है सबसे बड़ी सचाई
बच्चा हुआ बधाई !
बच्चा हुआ बधाई !

स्वस्थ जीवन की राह

□

नई नई जच्चा। जीए तेरा बच्चा।
ये पूरा करेगा हरेक सपना,
तेरा पूरा करेगा हरेक सपना
पर,
दूध पिलाना इसे अपना
हां, हां,
दूध पिलाना इसे अपना।

□

बच्चा है बीमार, बहन क्या करूं ?
टोना करूं कि टोटका
या बांधूं ताबीज़,
कौन-सी दवाई दूं
खिलाऊं क्या चीज़ ?
बहन क्या करूं ?

दूध छुड़ाया तूने अपना
माना नहीं किसी का कहना।
टोना-टोटका क्यों करती अब
क्यों बांधे ताबीज़?
दूध पिला तू इसको अपना
जिसमें सारी चीज़।
बहन याद रख।

□

दुनिया में, बच्चे का, पहला अधिकार,
ममता दुलार भरा, आंचल का प्यार।
मां भूल न जाए
अपना दूध पिलाए।

□

बोतल के झमेले नहीं
बीमारी भी घेरे नहीं
पिलाना आसान है
मिलता इत्मीनान है
मिलता इत्मीनान है
मां बच्चे में प्यार बढ़ाए
मां अपना ही दूध पिलाए।

□

बच्चे को मां का जो दूध मिले
मुस्काए फूलों सा चेहरा खिले।
बच्चे को जीवन का अमृत है ये
रौनक है, ताकत है, सेहत है ये।
मां भूल न जाए
अपना दूध पिलाए।

□

बच्चा भूखा, क्यों जी ?
उसको दुद्धू दो जी !
घर हो, सफ़र हो, दुकान या बाज़ार,
अपना दूध पिलाने में है शर्माना बेकार।
बच्चा भूखा क्यों जी ?
उसको दुद्धू दो जी !

□

माता ने, बच्चे को जब, चूमा दुलराया
आंचल से उसके झट, दूध उतर आया।
छककर पीता बच्चा
लेता मीठी एक डकार
आसानी से पचने वाला
सर्वोत्तम आहार।
सर्वोत्तम आहार।

ज्ञान ज्योति

दीप प्रज्जवलित अभी हुआ है
ज्ञान ज्योति की आशा में
घर अपना साक्षर हो जाए
इस अदम्य अभिलाषा में
जले दीप से दीप निरंतर
अक्षर का उजियारा हो
व्यक्त कर सके हर मानव
ख़ुद को लिखने की भाषा में।

मल्हार

[युवा लड़कियां मल्हार गाते हुए बाग में झूला झूल रही हैं। नायिका की शादी होने वाली है। सखियां उसके साथ छेड़ख़ानी कर रही हैं।]

सखियां : अरी बहना,
प्यारी सुन्दर सुकुमारी
साजन की महल-अटारी
तू तौ पिया के घर जाएगी
सहेली याद न कोई आवै
तोहे महल अटारी भावै
सजना कौ संग सुहावै
तू तो पिया के घर जाएगी।

नायिका : महल-हवेली सुनो सहेली
लगते नहीं सुहाने
नहीं चाहिए किले कंगूरे
ना ही दौलत खाने
सीधी-सादी सखी तुम्हारी
मत मारो ये ताने
बहना
प्यारा छोटा सा घर हो
घर में सब कुछ सुन्दर हो
तब ही पिया के घर जाएगी।

सखियां : अरी बहना
प्यारी सुन्दर सुकुमारी

ना चाहै महल-अटारी
तू तौ पिया के घर जाएगी।

नायिका : पिता सरीखे ससुर मिलें
और मां हो सास हमारी
घर छोटा-सा हो लेकिन
महके जैसे फुलवारी
तीनों लोकों से न्यारी हो
अपनी चारदिवारी
बहना
चहके सारा घर-आंगन
महके मेरा मनभावन

सखियां : तब ही पिया के घर जाएगी
अरी बहना
प्यारी सुन्दर सुकुमारी
ना चाहै महल-अटारी
सखियों की राजदुलारी
तू तौ पिया के घर जाएगी।

(हुडको की कम लागत नवीन गृह-योजना के लिए लिखा गया गीत।)

गेल-गीत

आशा विश्वास
हौसला है पास।

आस्था मंज़िल में है, मंज़िल गेल है,
रास्ता हर दिल में है, दिल में मेल है।
आशा विश्वास हौसला है पास
आशा विश्वास ।

गूंज उठी देश में, रौशनी की रागिनी,
धरती के गर्भ से, ऊर्जा मंदाकिनी।
निकली तो निखर गया
हर तरफ़ विकास।
आशा विश्वास हौसला है पास ।

आस्था मंज़िल में है, मंज़िल गेल है,
रास्ता हर दिल में है, दिल में मेल है।
आशा विश्वास हौसला है पास।
आशा विश्वास ।

मेहनत के मेह से, हो धरा हरी-भरी,
जगमगाए हर घर के, आंगन की देहरी।
आओ साथियो मिलकर
हम करें प्रयास।

आशा विश्वास
हौसला है पास।

आस्था मंज़िल में है, मंज़िल गेल है,
रास्ता हर दिल में है, दिल में मेल है।
आशा विश्वास हौसला है पास
आशा विश्वास।

(गेल यानि गैस अथॉरिटी ऑफ इंडिया ने अपने संस्थान के लिए शीर्षक-गीत लिखवाया जिसकी धुन बनाई उस्ताद अमजद अली ख़ां ने और गाया श्रीमती आशा भोंसले और सोनू निगम ने।)

राष्ट्र की शान

केसरिया, श्वेत, हरा, मध्य चक्र वाला,
नभ में लहराता है, राष्ट्र ध्वज निराला।

जन गण मन अधिनायक, राष्ट्र गान प्यारा,
मिलकर जब गाते तो बहती रसधारा।

एक नहीं दिखता पर, तीन सिंह दिखते,
राष्ट्र चिन्ह पर अंकित– सत्यमेव जयते।

पशुओं में श्रेष्ठ जिसे माने जग सारा,
शेर शक्ति शाली है, राष्ट्र पशु हमारा।

गंध एकता की है, जिसमें अति पावन,
पुष्प कमल राष्ट्र पुष्प, अपना मनभावन।

मोर राष्ट्र पक्षी है, सुन्दर पर वाला,
झूम झूम कर नाचे, मोहक मतवाला।

हर भारतवासी को, जिन पर अभिमान है,
इन प्रतीक चिन्हों में, हम सबकी शान है।

संदर्भ : बच्चों की एक पाठ्य-पुस्तक के लिए।